JN023773

中級フランス語

時制の謎を解く

井元秀剛 Imoto Hidetake

白水社

装丁・本文デザイン　　森デザイン室

はじめに

　英語を学んだあとでフランス語を学習された方が驚くことのひとつは、時制の多さではないでしょうか。直説法だけでも現在形・複合過去形・半過去形・大過去形……、条件法の現在形・過去形、接続法の現在形・過去形……基本的な文法書には実に 14 ないし 15 の時制が掲載されています。それぞれの時制に人称ごとの活用があるのですから、覚えるのもたいへんです。

　さて、ひととおりの時制を理解したあとで、実際のフランス語に接してみて「どうしてこの時制になるの？」と不思議に思われたことがありませんか。本書では、さまざまな実例について、この「どうしてこの時制になるの？」という謎を問いかけ、その謎を解きながら時制のしくみを掘り下げていきます。

　また、フランス語を言葉として客観的に観察するという立場から、英語や日本語の時制との比較も行ないました。自分がよく知っている言語と比較することで、フランス語のしくみを新たな側面からとらえることができ、「言葉」についてより敏感になっていただけるのではないかと思います。

　認知言語学の知見をベースにした説明で展開していきますが、言語学になじみのない方にもわかっていただけるよう、不必要な専門用語の使用は避け、あくまでも一般の文法知識で理解できる範囲の記述にとどめました。時制について考える上で助けになる図も、繰り返し用いています。研究書などから引いた例文については、その出典を記しましたので、さらに深く探求してみたいと思われる方は原典にもあたってみてください。ときには、私の説明と異なる記述が見つかるかもしれません。

　時制についての疑問をたくさん挙げてくれた関西学院大学の学生さんたち、また原稿に丁寧に目を通してくださった曽我祐典先生に感謝いたします。

2017 年 7 月　　著者

目　次

第 1 章
時制をめぐる謎

そもそも、フランス語の時制のしくみにはどんな謎が隠されているのでしょうか。この章では、「考えてみれば不思議だな」と思うような謎をまず挙げてみました。ただ漠然と時制論を展開するのではなく、「どうして」というアンテナを張って、その謎解きに挑むという姿勢です。文法に自信のある方は、ご自分でもその答えを考えてみてください。私なりの謎解きはあとの章でじっくり行なうつもりですが、答えは必ずしもひとつとは限りません。自分なりの答えがあってもいいと思います。まずは、どんな謎があるのか、どんな問いがたてられるのか、みてみましょう。その中にあなた自身も不思議に思っていた謎があれば、私としてはこれ以上の喜びはありません。

　フランス語の時を表すしくみ「時制」に関する謎解きの旅にこれから皆さんをご招待したいと思います。最初の謎は「フランス語の時制はどうしてこんなにあるのか」です。フランス語を初めて習う人が最初にとまどうのは、たくさんの活用形を覚えなくてはならないということではないでしょうか。数多くの活用形をマスターすることが、文法学習のかなりのウエイトを占めていると思いませんでしたか。フランス語の活用形が表しているのは基本的に「人称」と「時間」です。つまりすべての活用形が時間と関係づけられているのですね。

　挙げてみます。①直説法現在形　②直説法複合過去形　③直説法半過去形　④直説法単純過去形　⑤直説法大過去形　⑥直説法前過去形　⑦直説法単純未来形　⑧直説法前未来形　⑨条件法現在形　⑩条件法過去形　⑪接続法現在形　⑫接続法過去形　⑬接続法半過去形　⑭接続法大過去形。文法の教科書に載っているものだけでも 14 あり、さらにあまり出てきませんが、直説法複複合過去形というものまであります。これらの 14 ないし 15 の形はどのような関係になっていて、どのように使い分けたらよいのでしょうか。

　ひるがえって、英語や日本語と比べてみましょう。英語は時制としては現在形、過去形、未来形の 3 つだけです。ただし、そのそれぞれについて完了状態を表す現在完了形、過去完了形、未来完了形がありますが、これはそれぞれ現在形、過去形、未来形のバリエーションですし、完了の意味はそれぞれ同じなのでたいして複雑ではありません。形もそれぞれの時制形の have に過去分詞を組み合わせればよいだけなので、〈be + 〜 ing〉が進行形を作るように、〈have + 過去分詞〉が完了形を作るのだという組み合わせの問題として処理すればよく、現在完了形が現在形や過去形と並ん

でひとつの時制形態だと考える必要はないわけです。

それを言うならフランス語も、動詞の活用だけで示される単純時制と〈助動詞（avoir もしくは être）＋過去分詞〉の形で示される複合時制の対応関係があって、複合形は英語の完了形と同じ構造ですから、これを単純時制に対し「〜完了形」と呼べば、英語と同じようにずいぶん整理されるような気がしますね。さらに条件法現在形も英語の〈would ＋動詞の原形〉のような形ですから、これも過去未来形と呼んでみましょう。接続法は現実の時間軸とは一応無関係なので除外して考えると、以下のように整理できるでしょうか。左が単純時制、右が複合時制で、（　　）内に書いてあるのが文法書に載っている正式な名称です。

1）現在形　　　　　　　　　　― 現在完了形（複合過去形）

　　半過去形　　　　　　　　　― 半過去完了形（大過去形）

　　単純過去形　　　　　　　　― 単純過去完了形（前過去形）

　　未来形　　　　　　　　　　― 未来完了形（前未来形）

　　過去未来形（条件法現在形）― 過去未来完了形（条件法過去形）

こうしてみると、「なあんだ、基本的には英語と同じで、過去形に半過去と単純過去の2つがある、というだけじゃないか」と思えてきます。

しかし、ことはそう単純ではありません。確かに複合過去形には英語と同じように現在完了形のような用法があります。

2）a. **Il est déjà *parti*.**

　　b. **He *has* already *gone* out.**

　　c. **彼はもう出て行ってしまった。**

これなら現在完了形と呼んでもいいかもしれません。しかし実際に使われる多くの用法は英語の過去形に対応するものです。

3）a. **Il *est parti* à midi.**

　　b. **He *went* out at noon.**

　　c. **彼は正午に出て行った。**

これを「現在完了形」と呼ぶのは、形が表す意味を表現していませんから、

相当に抵抗があるのではないでしょうか。「複合過去」という名称はフランス語の文法用語である passé composé の翻訳で、それなりに理にかなっています。れっきとした過去形なのですから、現在形のバリエーションではなく、現在形や未来形と同列に置かれるべき時制形態なのです。このずれは 1）のほかの関係にも影響を与えます。

4）Il *a perdu* la montre que son père lui *avait achetée*.

彼は父親に買ってもらった時計をなくした。

4）における最初の動詞 perdre は複合過去形です。過去の出来事だからです。しかし次の acheter は大過去形です。父親が彼に時計を買ってあげたのは彼がその時計をなくす前ですから、過去のある時点からみたさらなる過去を表しているわけですね。これは英語ですと、過去形と過去完了形の関係です。しかし 1）における対応関係から言えば、大過去に対応するのは半過去でなくてはなりません。どうして複合過去と大過去が対応づけられることになるのでしょうか。ここではとりあえず、英語の過去形の代わりが複合過去なのだから、形を無視して、複合過去と大過去の間に過去と過去完了の関係を認めてしまいましょうか。

　しかし今度は別の問題も出てきます。初級文法において、多くの方は「複合過去と単純過去は同じ意味の口語体と文語体である」と習ったのではないでしょうか。実際「単純過去（passé simple）」の「単純」というのは「動詞単独で」という意味であり、これは助動詞と複合して過去の意味を表す「複合過去」との対比で用いられた名称です。「過去」という価値は同じだけれど、それを動詞単独で表すのが「単純過去」で、助動詞と複合して表すのが「複合過去」というわけです。そうすると前過去は単純過去の複合形ですから、4）の a perdu という複合過去が perdit という単純過去に置き換わったら、avait achetée という大過去の部分は eut achetée と前過去にはならないのでしょうか。実は 4）の perdre を単純過去で書いても、大過去の部分は変わらず、5）のようになります。

5）Il *perdit* la montre que son père lui *avait achetée*.

となると、英語と同様に処理してしまおうという 1) の図式はずいぶん修正しなくてはなりませんね。本書ではその全体の見取り図を 8 課で示します。これが最初の謎解きです。

　しかしひるがえって、最初の問いであった「どうしてこんなにたくさんあるの？」という問いの答えは、他の言語、日本語や英語などと比較した上でなくてはわかりません。今、英語と比較しましたが、日本語ではどうなのでしょう。時制と呼べるような形式はル形（現在形）とタ形（過去形）ぐらいしかないのではないでしょうか。テイル形というのはあくまでも「アスペクト」と呼ばれる継続という状態を表す形式であって、時制とは無関係でしょう。つまりフランス語と異なり、時制形態は 2 つしかないということになります。比較してみると実に不思議なことがわかります。

　6) Il _a dit_ qu'il _rendrait_ le livre dès qu'il l'_aurait lu._
　　　彼は本は読んだら返すと言った。

6) の aurait lu は過去前未来形（条件法過去形）で、過去から見た未来完了のような意味であり、過去の要素（-ait の語尾）、未来の要素（-rait の中にある r）、完了の要素（avoir + lu という複合）という 3 つの要素から成る実に複雑な形をしています。対応する日本語はというと、「読んだら」という過去のタ形を含むタラという接続詞がついているだけです。つまりタ形ひとつで過去未来完了に対応しているのですが、どうしてそんなことができるのでしょう。そもそも 6) における「読む」という行為自体は、今からみて過去であるという保証はありません。本を貸した相手はまだ読んでいないかもしれないわけです。なのになぜ単独のタひとつですませられるのでしょうか。こうしてみると私たちが何気なく使っている日本語も不思議に満ちていませんか。本書ではこんなふうにフランス語と対比させて、ときに日本語や英語の謎にもふれてみたいと思っています。「どうしてこんなにたくさんあるの？」という謎に対する私なりの回答は、最終章の 40 課でお話しするつもりです。

　1課でみたフランス語のたくさんの時制ですが、なかでも特徴的なのは「○○過去」という過去形の多さではないでしょうか。そのなかでも特に問題になるのが、半過去と複合過去の違いです。複合過去は文語では単純過去ですね。複合過去と単純過去の違いはまた改めて問題にすることにして、ここではとりあえず、単純過去は複合過去の文語形として同じように扱うこととします。フランス語の学習者がまず感じる最大の謎は、この半過去と複合過去 (単純過去) をどう区別したらよいのかということだろうと思います。複合過去と半過去の両方が用いられる典型例は以下のようなものです。

1) **Lorsqu'il *est entré* dans le salon, je *regardais* la télévision.**

　　彼が居間に入ってきたとき、私はテレビを見ていた。

初級文法でよくなされる説明は、「複合過去は瞬間的な行為 (動作) を表し、半過去は継続的な行為 (動作) や状態を表す」です。そして比喩的に、複合過去は点を表す過去形、半過去は線を表す過去形などと言われたりもします。確かに1) で、複合過去に置かれている「入る (entrer)」という行為は一瞬で成立しますし、半過去におかれている「テレビを見る (regarder)」という行為は継続して進行中のものです。しかし、長さがあって線だというなら、

2) **La guerre *a duré* cent ans.**

　　戦争は 100 年続いた。

は線の長さが100年ですので、かなり長く、半過去を用いてもよさそうです。しかしこれは複合過去であって、普通は半過去を用いません。

　半過去はフランス語の imparfait の翻訳で、直訳すれば「未完了」ということですから、動作が終了していない未完了の過去の状態を表すと説明

されることもあります。確かに 1)の「居間に入った」や 2)の「100 年続いた」は事態が完結しているのに対し、1)の「テレビを見ていた」は見終わる前の状態です。さらに、

3) Vous avez de la chance [de me rencontrer] : je *sortais*. (Imbs, 1960)

よかったですね [私に会えて]。出かけるところだったんですよ。

の sortais となると、実際に出かける前の状態ですから、まさに「未完了」以外の何物でもありません。しかし、下記のモーパッサン『女の一生』の文を見てみましょう。

4) Cependant on s'arrêta. Des hommes et des femmes se tenaient debout devant les portières avec des lanternes à la main. On *arrivait*.

(Maupassant, *Une vie*)

そうこうしていると馬車がとまった。 下男や下女たちが、手に手に灯を持って、馬車の扉の前に立っていた。 到着したのである。

arrivait は半過去ですが、ちゃんと到着し終わっています。4)で描かれているのは「到着しつつある」ときの状態ではなく、「到着した」ときの状態でしょう。それに、半過去は si で導かれる条件文の前件に用いられます。

5) Si vous *construisiez* une église sur ce lieu, votre fils recouvrerait la vue.

この地に教会を建てたら、汝の息子は視力を取り戻すであろうが。

5)のような construisiez のケースです。これは夢でみた神様のお告げを想定していますが、教会を建て終わったあとで視力が回復するのであって、建てている途中で回復するわけではないでしょう。条件に用いられた半過去 construisiez は未完了ではありえません。

そもそも si のあとはなぜ半過去が用いられるのでしょう。英語でも if I *were* のような特殊な形を含めて過去形が用いられますが、いったい、過去と仮定の間にどのような関係があるのでしょうか。また、過去であるのはよいとして、なぜ半過去であって、複合過去や単純過去ではないのでしょうか。このように特に半過去を巡っては謎がつきません。

先の例文をもう少し多角的に見てみましょう。1)は複合過去と半過去の違いを表す典型例ですが、同じ文意で、「テレビ見ていると、彼が居間に入ってきた」という日本語から逆にフランス語に直すとすると、

　6)ˣ **Lorsque je *regardais* la télévision, il *est entré* dans le salon.**

とやりたくなりませんか（文の前につけられた小さな×印はその文がフランス語として不自然な文であることを示します）。しかしこの文は不自然で、1)のようにするか、この語順を維持するなら、

　7) **Je *regardais* la télévision lorsqu'il *est entré* dans le salon.**

のようにして、lorsque 節の中が半過去ではなく複合過去になるようにしなくてはなりません。これはなぜなのでしょうか。

　実は、はっきりと期間を示す表現と半過去は一緒に使うことはできないと説明されることがあります。たとえば

　2)'ˣ **La guerre *durait* cent ans.**

は durait という半過去と cent ans という期間を示す表現が同時に使われているから不自然なわけです。同様の例を挙げますと、

　8)ˣ **Je *lisais*（un livre）de 9 heures à 11 heures.**
　　　　私は 9 時から 11 時まで本を読んでいた。

も、9 時から 11 時というはっきりと期間を示す表現があるために、通常は複合過去であって半過去ではありません。

　8)' **J'*ai lu*（un livre）de 9 heures à 11 heures.**

のほうが自然なのです。ところが、同じ文でも、たとえば警察で「9 時から 11 時の間、何をしていたのか」と尋問されたときの答えであるという文脈を与えると、全く問題がなくなります。

　9) **De 9 heures à 11 heures ? ... Je *lisais*（un livre）.**

「9 時から 11 時ですか、そうですね、本を読んでいました」のような感じです。これはなぜなのでしょうか。こんなふうに、文脈によって、あるいは特殊な効果をねらって、普通は複合過去もしくは単純過去で用いられる内容でも、あえて半過去が用いられることもしばしばあります。実際に使われ

た例を見てみましょう。サルトルの『嘔吐』の一節です。

10）［語り手は、インドシナの役人だったときの上司とのもめ事を語る］ ¨**Je me secouai, outré de colère contre lui, je répondis sèchement : « Je vous remercie, mais je crois que j'ai assez voyagé : il faut maintenant que je rentre en France. » Le surlendemain, je *prenais* le bateau pour Marseille.**

（Sartre, La Nausée）

> 私は身震いした。彼に対して腹が立ち、冷たく答えた。「ありがとうございます。しかしもうずいぶんと各地を渡り歩いてきましたから、もうフランスに帰らなくてはと思います」。その翌々日、私はマルセイユ行きの船に乗り込んだのだった。

この最後の je prenais ですね。「船に乗った」というのは完結した行為で、この翌々日の出来事は他に語られていませんから je pris と単純過去で表現しても全く問題はないわけです。ただ、半過去にすることで独特のニュアンスを与えています。日本語で「〜のだった」と訳したように「一連の出来事の結末は〜だったのです」というようなニュアンスなのですが、それはどうしてなのでしょうか。

　最後に、複合過去は時制の一致の影響を受けますが、半過去はそうでないということも指摘しておきます。

11）a. Paul a dit : « J'*allais* à l'école à pied quand j'étais petit. »

> ポールは「小さい頃は学校に歩いて通っていた」と言った。

b. Paul a dit qu'il *allait* à l'école à pied quand il était petit.

je suis allé という複合過去では、時制の一致の影響を受けて qu'il était allé のようになることはご存じですね。半過去も同じ過去なのですから、大過去になってもよさそうなものです。特に大過去は半過去の複合形ですから、対応という関係からもぴったりです。でもなぜか変化せず、半過去は半過去のままです。どうしてそうなのでしょうか。この謎は9課で、これ以外のたくさんの謎は、順を追って主に第4章でじっくりと考えていきたいと思います。

半過去をめぐる謎

2課でみた「半過去と複合過去の違い」という一大テーマ以外にも、半過去の周りにはさまざまな謎がひしめいています。専門的な論文の数でも、あらゆる時制の中で、半過去を扱ったものがダントツで多いはずです。本書でも第4章をまるごと半過去に割いています。初級文法ではあまり出てきませんが、半過去には実に特徴的なさまざまな用法があって、専門家の間で「○○の半過去」というように独特の名前がつけられています。それをいくつかをご紹介しましょう。

その代表は「語りの半過去（imparfait narratif）」です。2課で挙げた10)のように、複合過去もしくは単純過去と置き換えることのできる半過去がこう呼ばれています。「語りの半過去」のみを扱った研究書もあるほどです。特徴としては進行中というより、次々に展開していく出来事を表します。普通の半過去の行為は進行中ですから、2つ並べると同時進行中の行為になります。たとえば、

1) **Lorsqu'il est entré dans le salon, sa mère *regardait* la télévision, et son père *lisait* un livre.**

　　彼が居間に入ってきたとき、母親はテレビを見ており、父親は本を読んでいた。

では、母親のテレビと父親の読書は同時進行で、母親がテレビを見たあとに父親が読書したのではありません。しかし「語りの半過去」の場合は、出てきた順に出来事が起こります。次の例は『ル・モンド』紙の記事です。

2) **Le 24 mai, un chat *traversait* devant le peloton et *effaçait* tout. Blessé, Marco Pantani *ralliait* l'arrivée à 15 km/h.**

(*Le Monde* in Bres, 2005)

　　5月24日、一匹の猫が先頭集団の前を横切りすべてを台無しにしてしまった。傷ついたマルコ・パンターニは時速15kmでゴールに着いた。

自転車レースで起きた出来事を伝えており、猫がコースを横切り、レースを台無しにし、そのあとでマルコ・パンターニがゴールした、と読むことができます。だからこそ、この文は単純過去や複合過去に置き換えられます。

　2課の10）も「語りの半過去」の一種なのですが、10）のような出現の仕方がパターン化しており、特に「**切断の半過去（imparfait de rupture）**」と呼ばれています。そのパターンとは、まず単純過去もしくは複合過去で物語りが展開したのち、「それから〜後」のような時間を表す表現（2課の例では Le surlendemain）がきて、物語の結末というような出来事（マルセイユへの出発）が半過去で表現されるというものです。

　3）語調緩和の半過去（imparfait d'atténuation）

　　Je *voulais* te demander un petit service.

　　　ちょっと頼みたいことがあったんだけど。

頼みたいことは今もあるはずですから、過去ではないはずなのに、半過去を用いて丁寧な言い方にしています。日本語でも「あったのですが」とタ形を使う表現に似ていますね。

　4）市場の半過去（imparfait forain）

　　Qu'est-ce qu'elle *voulait*, la petite dame ?　（Berthonneau & Kleiber, 1994）

　　　何にしましょうか、おかみさん。

庶民的な市場などで用いられる半過去で、話しかけている相手に対して3人称で呼びかけています。

　5）愛情表現の半過去（imparfait hypocoristique）

　　Ah ! qu'il *était* joli, mon petit Maurice.　　　　　　　（Imbs, 1960）

　　　まあ！　何てかわいいのでしょう、私のモーリスちゃん。

母親が赤ん坊に話しかけるようなときに用いられる半過去で、特に主語が3人称の文で用いられます。

　6）遊戯の半過去（imparfait ludique）

　　Tu *étais* la reine et moi, j'*étais* le roi.　　　（Berthonneau & Kleiber, 1994）

17

君はお后様、僕は王様さ。

子供がごっこ遊びをするときに用いられる半過去で、役割付与に用いられるものです。

　7）間一髪の半過去（imparfait d'imminence contrecarrée）

　　Une minute de plus, le train *déraillait*.　　　　　（Riegel et al, 1994）

　　あと1分で列車は脱線していた。

文字通り、「間一髪で〜するところだった」という意味を表す半過去で、aurait déraillé と条件法過去に置き換えても、「間一髪」の感じ（切迫感）は薄れますが、意味は変わりません。

　このくらいにして、続きは第4章の謎解きに回すことにしましょう。しかし、そもそも謎なのは、半過去の本質的な機能とは何か、どうしてそこからこんなにたくさんの用法が生まれるのだろうか、ということではないでしょうか。「半過去と○○はどう違うのか」という問いを立てると、この○○にはいろいろなものが入ります。代表的なのはもちろん2課で問題にした複合過去もしくは単純過去ですが、3）や7）を見ると、条件法との違いも問題になりそうです。さらに3）〜6）は現在形とも比べる必要があるでしょう。フランス語だけに限定しても、これらと比較して半過去を理解したいのですが、本書では英語や日本語など、私たちがなじみの言語との比較もしてみたいと考えています。

　8）a. Il *lisait* un livre.

　　b. He *was reading* a book.

　　c. 彼は本を<u>読んでいた</u>。

このように並べるとわかるように、半過去は基本的には英語の過去進行形、日本語のテイタ形に対応します。半過去と進行形やテイタ形とはどう違うのでしょうか。これも本書で扱ってみたいテーマです。

　半過去は過去の状態を表すのが基本ですから、代表的な形は〈était + 形容詞〉ですが、英語や日本語では進行形やテイタ形にはなりません。

　9）a. Il *était* gentil.

　　b. He *was kind*.

　　c. 彼は<u>優しかった</u>。

英語の was being では、一時的にそんなふうに振る舞っていたという意味ですし、日本語で形容詞を述語とする「彼は優しい」のような文はテイタ形がありません。こんなわけで、半過去の占める範囲は過去進行形やテイタ形よりはるかに広く、英語の進行形はほとんど半過去で訳すことができるが、その逆はできないと説明されることもあります。しかし、

10）**a. ×Il *lisait* un livre de 9 heures à 11 heures.**

　　b. He *was reading* a book from 9 a.m. to 11 a.m.

　　c. 彼は 9 時から 11 時まで本を<u>読んでいた</u>。

としますと、今度は半過去だけが言えなくなります。これはなぜなのでしょうか。

　日本語との比較でも圧倒的に半過去の守備範囲のほうがテイタ形より広いのですが、テイタ形がすべて半過去になるかと言えばそうではありません。

11）**Quand je suis arrivé à la gare, le train *était* déjà *parti*.**

　　駅に着いたとき、列車はすでに出ていた。

おなじみの大過去の文です。テイタ形は大過去にも対応するのです。さらに、半過去は日本語の意外な時制と対応します。5 課で取り上げますが、現在形とみなされているル形やテイル形です。日本語では過去のことを語っている文章のなかに現在形が出現することがあります。それらの現在形はフランス語ではほとんど半過去になります。このように半過去は謎の宝庫だと言えるでしょう。フランス語独特の過去形ですから、ひとつの章を割いてじっくりと検討するに足る時制なのです。

4課 さまざまな過去形はどう区別するのか

　2課では半過去と複合過去、3課では半過去そのものを扱いましたが、過去形はまだまだあります。結局のところ、過去形の究極の謎は、それらの過去形をどう区別するのか、ということになりますね。半過去以外の過去形で区別したいのは、まず、複合過去と単純過去です。初級のうちは、この2つは口語と文語の違いで、同じ価値をもつ時制であると理解していて問題ありません。特に単純過去を使って文を書く必要のない私たちにとって、この区別は読解のときに問題になるもので、間違わずに使いこなせるようにする必要はないわけです。ですが、小説などで、両方の時制が使われているものもありますから、中級以上になればその違いをきちんと理解し、味わえるようになっていただきたいと思います。

　一例だけ挙げておきましょう。ジッドの『狭き門』の冒頭部分です。複合過去と単純過去の両方が使われています。

1) D'autres en auraient pu faire un livre ; mais l'histoire que je raconte ici, j'*ai mis* toute ma force à la vivre et ma vertu *s'y est usée*. J'écrirai donc très simplement mes souvenirs, et s'ils sont en lambeaux par endroits, je n'aurai recours à aucune invention pour les rapiécer ou les joindre ; l'effort que j'apporterais à leur apprêt gênerait le dernier plaisir que j'espère trouver à les dire.

　Je n'avais pas douze ans lorsque je *perdis* mon père. Ma mère, que plus rien ne retenait au Havre, où mon père avait été médecin, *décida* de venir habiter Paris, estimant que j'y finirais mieux mes études.

（André Gide, *La Porte étroite*）

ほかの人たちだったら、これで一冊の本ができただろう。だが、これからお話しするのは、わたしが全力をつくして生き、精魂尽きる思いをした実話である。だからわたしは

　　思い出すことをそのまま書き連ねていこうと思う。そして、ところどころ穴があったと
　　しても、つくろったりつなげたりするために作り事を加えるようなことはけっしてする
　　まい。なぜかといえば、思い出をととのえるためのそうした努力は、私がそれを物語る
　　ことによって味わおうと思っている最後の楽しみを妨げることになるだろうから。
　　わたしは、まだ十二歳にもなっていないときに父を亡くした。母は、父が医者をしてい
　　たル・アーヴルにもうとどまっている必要もなくなったことなので、わたしが学業をお
　　さめるのに都合がよかろうと思って、パリに移ってくることにした。

最初の段落では複合過去、次の段落では単純過去になっています。この解
説は16課でいたします。

　区別という意味では、前過去と大過去の違いもちょっとした謎ではない
でしょうか。単純過去と同様に、前過去も私たちが使うことはないので
もっぱら読解用なのですが、そもそもどのような原理が働いているのか理
解するのもひと苦労です。単純過去の複合形が前過去で、半過去の複合形
が大過去であるということは、形を見れば理解できます。しかし単純過去
と半過去の区別の原理がそのまま前過去と大過去の違いに適用できるので
しょうか。もし適用できるのなら、文章全体における単純過去と半過去の
比率は前過去と大過去の比率と同じくらいになりそうな気がします。とこ
ろが、単純過去を基調とする小説でも、圧倒的に多いのは大過去で、前過
去は特殊な文脈でしか出てきません。また大過去と前過去ではニュアンス
が全く異なります。

　以下の例では大過去と前過去の両方が用いられています。

**2）Le jour où il sortit de prison, Bouzigue loua une voiture et se rendit
dans la forêt de Meudon, où il *avait enterré* la valise contenant le
butin du hold-up de la rue Fontaine. Arrivé dans la forêt, il s'arrêta
près d'un gros arbre et se mit à creuser. Dès qu'il *eut récupéré* la
valise, il se dépêcha de rentrer .**　　　　　　（Confais in 大久保 , 1997）

　　刑務所から出た日、ブージッグは車を借りムードンの森に向かった。そこに、フォンテー
　　ヌ通りの強盗で巻き上げた戦利品の入ったスーツケースを埋めておいたのだ。森に到着

　　　　すると1本の木の近くに車を止め、掘り始めた。スーツケースを取り出すと、急いで戻った。

最初の il avait enterré は大過去、ここを前過去の il eut enterré に置き換えることはできません。一方、最後のほうに出てくる il eut récupéré は前過去です。ここは大過去にも置き換えが可能ですが、前過去のほうが好ましいようです。

　このニュアンスの違い、そしてどうして置き換えができないのかその理由がわかりますか。この例は 17 課でもう一度取り上げ、謎解きをしていきますが、読者のみなさんもとりあえず考えてみてください。

　区別というわけではないのですが、大過去には、初級段階ではあまり取り上げられない特殊な用法がいくつかあります。

3) Je t'*avais dit* de faire attention.

　　　気をつけるようにと、言ったじゃないか。　　　　　　　　　　　（東郷, 2011）

皿洗いの最中に皿を割ってしまった相手にあとから言う台詞です。しかし「気をつけるように」と言ったのは過去のことなのですから、普通に複合過去を用いて Je t'ai dit と言ってもいいはずなのに、なぜわざわざ大過去を用いているのでしょうか。

　次の大過去もちょっと謎めいています。ル・クレジオの『海を見ていた少年』の一節です。

4) La jeune femme regardait toujours Mondo. Elle avait de grands yeux calmes et doux, un peu humides. Elle *avait ouvert* son sac à main et elle *avait donné* à Mondo un bonbon enveloppé dans un papier transparent.

　　　若い女性は相変わらずモンドを見ていた。女性の眼は大きく穏やかで優しそうで少し潤
　　　んでいた。女性はハンドバッグを開けるとモンドに透明な紙に包まれた飴をくれた。

　　　　　　　　　　　　　　　　　　　　　　　　（Le Clézio, *Mondo* in 春木, 2014）

ここで描かれている女性の動作は、モンドを見つめる（regardait）こと、ハンドバッグを開ける（avait ouvert）こと、モンドに飴をあげる（avait donné）ことです。最初が半過去、あとの2つは大過去ですが、動作はこの順で行なわれているので、この大過去は前の動作のそのまた前というわけではなく、本来単純過去で表現するような内容ではないでしょうか。どうしてこんなところで大過去が使えるのでしょう。3）と4）は19課で扱います。

　大過去が未来のことがらに用いられるという、びっくりするような用例もあります。

5）La semaine prochaine nous irons à Cerisy-la-Salle participer à un colloque sur *L'Etranger*. Si Camus *avait été* avec nous, cela aurait enrichi le débat.

> 私たちは、来週スリズィ・ラ・サルに行って L'Etranger についてのシンポジウムに参加する。もしもカミュが出席するのだったら、意見交換が充実したものになったのだが。

（曽我, 2015）

5）では条件節の中ではありますが、「来週」と言っているのですから明らかに未来です。しかしここは通常、未来のありそうにない仮定に用いられる半過去は不自然で、大過去のほうがふさわしいようです。これはなぜなのでしょうか。この例は29課で扱います。こんなふうに大過去も謎の宝庫なのです。

　他に「過去」と名前がつくものには条件法過去、接続法過去、接続法半過去があります。条件法過去は条件法現在の複合形であると理解するだけで十分です。接続法については、本書で扱う時間概念とは別ですので扱いません。接続法過去は接続法現在の複合形である、という指摘にとどめておきましょう。

未来形は過去形と違って、それほど多くの種類はありません。「未来のことを表す」というだけですから、謎などないように思います。あるとすれば、単純未来と近接未来はどう違うのか、ということでしょうか。

名称からいって、単純未来は普通の未来形、それに対し近接未来は特に間近の未来のことについていうのだ、というのが素朴な理解でしょうが、次の文では数分後のことなのに近接未来は使えません。

1) **Inutile de pousser, je ne *descendrai* que quand le train sera complètement arrêté.** (Franckel, 1984)

押しても無駄ですよ。電車が完全に止まるまでは降りませんから。

一方、近接未来といっても

2) **Elle *va avoir* un enfant.**

彼女はもうじき子供を産む。

は、今妊娠中だというだけで、子供が生まれるのは数ヶ月先でも構いません。いったいどう使い分けられているのでしょうか。

そもそも近接未来は〈aller + 不定法〉という形ですが、複合過去のような複合形と同じようなものだと考えてはいけません。〈助動詞（avoir もしくは être）+ 過去分詞〉という複合形はどのような単純時制にも適応することができ、まさに構文と呼ぶにふさわしいものです。avoir のおかれた時制と実際にできあがった時制の名称を挙げておきましょう。

3) **a. Elle *a eu* un enfant.** 　　子供を産んだ。 　　　　　（現在：複合過去）

b. Elle *avait eu* un enfant. 　子供を産んでいた。 　　　　（半過去：大過去）

c. Elle *eut eu* un enfant, 　　子供を産むやいなや 　　　　（単純過去：前過去）

d. Elle *aura eu* un enfant. 　子供を産んでいるだろう。 　（未来：前未来）

ところが、〈aller + 不定法〉は現在形か半過去形としてしか現れません。こ

の形には、現在形に対応する近接未来形という名称しかありませんが、aller のおかれた時制だけを挙げておきましょう。

4) a. **Elle *va avoir* un enfant.**　　もうじき子供を産む。　　　　　（現在）

　 b. **Elle *allait avoir* un enfant.**　もうじき子供を産もうとしていた。（半過去）

　 c. ×**Elle *alla avoir* un enfant.**　　もうじき子供を産もうとした。　（単純過去）

　 d. ×**Elle *ira avoir* un enfant.**　　もうじき子供を産もうとしているだろう。（未来）

もちろん est allé avoir un enfant のような複合過去、大過去や条件法過去など複合時制とも組み合わせることはできません。これはどうしてなのでしょうか。

　今度は、英語や日本語の未来を表す形とフランス語を比べてみましょう。そうすると、フランス語の未来形というのは特別な時制であることがわかります。そもそも日本語に未来形という時制はあるのでしょうか。中学生の頃、英語の未来形を習ったときに、

5) **He *will go* to America next year.**

　　彼は来年アメリカに行くだろう。

などとわざわざ「〜だろう」を使って訳した記憶があります。これは文法の説明のための便宜的な方略で、通常「〜だろう」は推量を表すにすぎず、未来のことでも「彼は来年アメリカに行く」とル形で表しますよね。つまり日本語には「未来形」という未来を表す時制はないわけです。しかし未来のことは未だ生じておらず、推量と結びつきやすいので、「〜だろう」を使って便宜的に形の説明としたのです。しかし、そのように考えていくと、英語の will も本当に未来形なのか、怪しくなってきます。will は can, may, must のような助動詞で can, may, must は「〜であり得る」「〜かもしれない」「〜に違いない」のように、文法では**モダリティー**と呼ばれている、出来事が生じる可能性についての判断を表すものです。そうすると will も「〜だろう」というモダリティーを表すのが本義で、日本語と同じなのではないでしょうか。実際、英語の文法学者で、will を未来ではなく推量の印だと考えている人も多いのです。I *will be* 20 years old next year. や The class *will start* on 11th October. のように、日本語なら「来年20歳になります」「授業は10月11日から始まります」と決して「～だろう」をつけないような未来の出来事でも will を使って表現するため、伝統的に「未来形」とされているのでしょう。

　フランス語の未来形はかつては〈不定法＋avoir〉から成る複合時制でした。今では動詞単独で活用し、単純過去や半過去のように動詞の語尾変化のひとつを構成していますから、形の上では堂々たる時制形です。これが意味の上にも反映しているのでしょうか。

　英語の未来形と比較してみると、いろいろなところで違いが出てきます。まず、英語では未来形が使えるのにフランス語では使えないケースです。

6）a. 眠そうですね。コーヒーを入れて<u>あげましょう</u>。

　　b. Tu as l'air d'avoir sommeil. Je *vais préparer* du café.

　　c. You look sleepy. I'*ll make* some coffee.

英語は未来形でよいのですが、フランス語は近接未来形でなくてはなりません。次の例は、モーパッサンの短篇『ピエールとジャン』の実際に翻訳された英文です。フランス語の原文は現在形ですが、英語では未来形に翻訳されています。

7）a. – Et cette tasse de thé, monsieur Lecanu ?

　　　– Maintenant, je *veux* bien, Madame, avec plaisir.

（Maupassant, *Pierre et Jean*）

「ルカニューさん、さっきの紅茶いかがですか」「今なら喜んでいただきましょう」

　　b. "And now for that cup of tea, Monsieur Lecanu?"

　　　"Now I *will accept* it with pleasure, madame."

　これとは逆に、フランス語では未来形なのに英語では未来形が使えないケースもあります。英語なら if、フランス語なら si のあとは、たとえ未来であっても現在形になりますが、英語はそれに加えて when 節や as soon as 節など時間を表す副詞節の中でも未来形は用いられません。フラ

ンス語なら問題ないので、未来形が使われますが、英語の翻訳では逆に現在形になっています。バルザックの『ゴリオ爺さん』の一節です。

8）a. **Je lui dirai que son père va plus mal quand elle me *sonnera*.**

（Balzac, *Le Père Goriot*）

奥様が私を呼び鈴で呼びましたら、お父様の様態が悪くなっているとお伝えしておきます。

b. **As soon as she *rings*, I will go and tell her that her father was worse.**

どうしてこういうことになるのでしょうか。この場合、謎はフランス語よりはむしろ英語のほうにあるのかもしれません。フランス語では問題ないのに、英語ではなぜ未来形が使えないか、ということです。このように英語と対比すると、ではなぜフランス語だと使えるのか、という謎となって返ってくることがわかります。

　フランス語では quand のあとに使えないのはむしろ近接未来のほうです。

9）**Je te prie de me prévenir quand tu ［*verras* / ˣ *va voir*］ l'eau bouillir.**

お湯が沸くのに［気がついたら / ˣ気がつきそうになったら］教えてください。

　この違いはどうして出てくるのでしょうか。9）は意味を考えると比較的簡単に解決しそうですが、のちほど謎解き編でゆっくり比較して考えてみましょう。ここでは推量という発話態度に関わる叙法的な意味と、未来という時制との間に、密接な関係があることを最後にもう一度確認しておきたいと思います。未来と推量の関係はこの課の説明でおわかりいただいたと思いますが、現在形や過去形も叙法的意味と無縁ではありません。推量の逆で、確実にそのことがおこったと断言することになります。未来の確実な予定が、ときに現在形で表現できるのも、この性質があるからです。

⬤6課 現在形をめぐる謎

　謎として取り上げる時制の最後は現在形です。現在形なんてもっとも基本的な時制で、謎などないかと思われるかもしれません。確かにフランス語だけをみれば、それほど使い方を間違うようなことはないのですが、日本語や英語と比較すると、かなり謎めいた問いが立てられます。

　そもそも英語の現在形やフランス語の直説法現在形、日本語のル形は本当に現在を表す形式なのでしょうか。5課で述べたように、日本語には未来を表すための形式はありません。L'année prochaine, j'*aurai* 20 ans. に対応する日本語は「来年、私は 20 歳になります」ですからル形であり、ル形は非過去形と言ったほうが正確でしょう。フランス語でもはっきり決まっている予定なら未来のことでも J'*ai* une réunion demain.（明日私は会議があります）のように現在形を使って表現できます。実際、フランス語についても直説法現在形は現在を表す形式ではなく、時間を何も表さない形式なのだと主張している学者もいます。今、私が Il *fait* chaud.（暑い）と言ったとします。それを聞いた親切な人は窓を開けてくれるかもしれません。私は maintenant（今）とも ici（ここ）とも言っていません。わざわざ言わなくても、話している現場のことだと自然に解釈されるからです。現在形が現在を表しているようにみえるのは、何も言わなければ場所も ici のことであるように、時間も現在のことを指すことになるからだ、という理屈が土台にあります。時を明示した場合、未来のことでも J'*ai* une réunion demain. と言えますし、過去のことでも歴史的記述などで、En 1942 les Américains *débarquent* en Afrique du Nord.（1942 年、アメリカ軍は北アフリカに上陸した）のように現在形で表現できます。そもそも Deux fois deux *font* quatre.（2 かける 2 は 4）などの文は、時間とは無縁だからこそ現在形になっているわけです。

　このように考えると、確かにそのような気もしてきます。ただ、かけ算の真理や Le chien *est* un animal fidèle.（犬は忠実な動物である）のような総称、Je *me lève* normalement à 6 heures.（私は普通は 6 時に起きる）のような習慣、Je *descends* au prochain arrêt.（私は次の停留所で降ります）のような予定なども、「今のこと」という意識で語られているということに変わりありませんし、過去のことを現在形を使って表現するためには、さまざまな条件が整わなければなりません。× Il *arrive* hier.（彼は昨日到着した）などと、いきなり言うのは変で、過去のことは基本的に過去形を使って表現しなければいけないのです。そんなことから、私は「今のこと」という意識をともなった時間を表現するのに主として用いられる時制の形式を、それ以外の時間を表現する用法を持っていたとしても「現在形」と呼び、これを英語・フランス語の現在形や日本語のル形を表す名称として用いたいと思います。それぞれの現在形の価値は異なりますが、典型的な用法が共通しているのなら、むしろ同じ名称で呼んで共通性を理解することのほうが、個々別々の名称をつけるより用法の理解を助けると私は思います。その上で、日本語の現在形とフランス語の現在形の違いなどに着目することは大切で、そうすることによって、それぞれの言語の時制の価値がよりよく理解できるようになると考えるからです。

　さて、日本語と比べてみますと、フランス語では「今のこと」と意識する範囲が、日本語より少し過去のほうにまで広がっているようです。ちょうど友だちの家に遊びに行っていて、そこをおいとまして出てきたときに知り合いと出くわした、という状況を考えてみましょう。日本語では「今ちょうど友人の家に行ってきたところなんだけど」というように「行ってきた」とタ形（過去形）を使って表現する場面ですよね。フランス語では Je *sors*（à l'instant）de chez un ami. と言います。これをそのまま日本語にして、「私は（今）友達の家から出ます」などと言ったら、まだ友人の家にいて、携帯電話か何かでこれからの行動を説明しているような文になってしまいます。スポーツの実況中継も、フランス語は現在形です。ある選

手がジダンにパスを送るような場面では Il *passe* le ballon à Zidane.（シダンにパスします）と言います。日本語でも試合が始まってすぐの、どうということはないパスなら現在形で言うかもしれませんが、得点に関わる決定的な場面では、「シュートしました。入った!!」などと過去形になりませんか。フランス語では絶対に過去形は用いません。動詞が出てくるとしても現在形で、Il tire... Le but !!!「シュートです。ゴール !!!」などという感じになります。日本語の野球中継で「ピッチャー、第一球投げました。打った。大きい、大きい。入った、入りました」と言うべきところを「ピッチャー、第一球投げます。打ちます。大きい、大きい、入ります」などと言ったら、いつ投げて、いつ打ったのですかと、笑ってしまうのではないでしょうか。フランスには野球中継はありませんが、あるとすれば、ここも現在形のはずです。

　さらに大きな違いは、過去のことを表すのに使われる現在形です。フランス語では先ほど挙げたような歴史の記述や、物語などで、あたかも、今そこで起こっている出来事のように過去を描く「歴史的現在」もしくは「語りの現在」と呼ばれる現在形の修辞的用法があります。次の 7 課で例を挙げますが、それらの現在形は日本語では過去形になります。しかし、日本語でも過去の話の中に現在形は頻繁に登場するのです。

　1）夫はようやく立ち上った。
　針箱と糸屑の上を飛び越すように跨いで、茶の間の襖を開けると、すぐ座敷である。南が玄関で塞がれているので、突き当りの障子が、日向から急に這入って来た眸には、うそ寒く映った。　　　　　　（夏目漱石『門』）
問題はこの第二文です。「すぐ座敷である」は現在形で、私たち日本語話者はこの現在形に特に違和感を感じませんが、フランス語では現在形にはなりにくいのです。実際、出版されているフランス語訳でも過去形になっています。

　さらに、フランス語の原文では過去形で書かれているのに、翻訳者があえて現在形で訳しているものもあります。デュマの『三銃士』からの引用

です。

　2）a. Et sans attendre la permission de son hôte, d'Artagnan entra vivement dans la maison, et jeta un coup d'œil rapide sur le lit. Le lit n'*était* pas défait. Bonacieux ne s'était pas couché.

（Alexandre Dumas, Les Trois Mousquetaires）

　　b. こういうと相手の返事も待たずにダルタニャンは、つかつかと家の中にはいって、急いで寝台をちらりと見た。寝台の上はきちんと<u>片づいている</u>。ボナシューは、ここで寝なかったのだ。（江口清訳）

ここはもちろん「片づいていた」と過去形で表現しても構いません。しかし「片づいている」でも違和感は全くなく、むしろ自然な感じがします。この文はしかし、フランス語では Le lit n'*est* pas défait. と現在形にすることはできないでしょう。こうしてつきあわせてみると、両言語の「現在形」の働きはずいぶん違っているということがわかります。7課で例を出しますが、フランス語の「歴史的現在」は、「たたく」「開く」「揺する」などのように、動きのある動作が中心で、次々と連続して使われ、物語がそれらの出来事のつながりとして、どんどん進行していきます。これに対し、日本語の現在形は「座敷である」「片づいている」のように、その場にいる人が観察している情景で、動作ではなく状態を表しており、フランス語では2）のように基本的に半過去に対応するものです。そして1）のように、過去形の間に現在形がぽつんと挿入され、また過去形に戻っても全く違和感がありませんし、そもそもこれらの現在形に修辞性は感じられず、過去のことをあえて現在のことであるかのように描いている、という特別な感じは受けません。

　私はこの違いは、時制全体のしくみが、フランス語と日本語で大きく異なっていることから来ているのではないか、と考えています。そこで、本書では、単にフランス語と日本語、ときには英語と比較して、「フランス語はこうだけど日本語はこうだ」とただ事実を列挙するだけにとどまるのではなく、どうしてそのような違いが生じるのか、という理由についても考えていきたいと思います。

6課で問題にした「歴史的現在」の例として、スタンダールの『赤と黒』
の一節を挙げておきます。

1）**Il volait en montant l'échelle, il *frappe* à la persienne; après
quelques instants Mathilde l'*entend*, elle veut ouvrir la persienne,
l'échelle *s'y oppose* : Julien *se cramponne* au crochet de fer destiné
à tenir la persienne ouverte, et, au risque de se précipiter mille fois,
donne une violente secousse à l'échelle et la *déplace* un peu. Mathilde
peut ouvrir la persienne.**

イタリック体にしている部分は現在形で、この物語の息をのむような展開
を描いています。出版されている日本語の翻訳では、言い切りの形は過去
形で表現されています。

2）ジュリヤンは飛ぶようにして梯子をよじ<u>上る</u>と、鎧戸を<u>叩いた</u>。しばら
くすると、マチルドが音を<u>聞きつけて</u>、鎧戸を開こうとしたが、梯子があ
るので<u>開かない</u>。ジュリヤンは、鎧戸を開けておくための鉄の鉤に<u>かじり
つき</u>、いくたびもあやうく<u>墜落</u>しそうになりながら、梯子をはげしく<u>ゆす
ぶって</u>、すこしその位置を<u>ずらした</u>。マチルドはやっと鎧戸を<u>開いた</u>。

（小林正訳）

この「叩いた」「ずらした」「開いた」の部分を現在形にするのはかなり不自
然ですよね。

英語にも「歴史的現在」はあるのですが、Project Gutenberg（著作権の
切れた英語テクストを提供するサイト）にあがっている英語の翻訳でもこ
こは過去形が使われています。

3）**He flew up the ladder and *knocked* at the blind ; Mathilde *heard*
him after some minutes and *tried* to open the blind but the ladder**

was in the way. Julien *hung* to the iron hook intending to keep the blind open, and at the imminent risk of falling down, *gave* the ladder a violent shake which *moved* it a little. Mathilde *was* able to open the blind.

英語とフランス語の「歴史的現在」を比較した研究によると、英語はフランス語に比べて、はるかにその制約が厳しいようです。英語の歴史的現在はほとんどそのままフランス語の現在形に置き換えられますが、逆は難しく、3)のように過去形になる例が多いといいます。こうしてみると、英語とフランス語の間にも違いがあるのですが、日本語の場合は時制の構造が英語やフランス語と本質的に異なっています。

　非過去を表すル形を6課では「現在形」と呼びましたが、日本語のル形が現在もしくは未来を表すのは、主節におかれて、そこで言い切りになった場合に限られます。

　4) このスーツケースは去年フランスに行くときに買いました。

　　J'ai acheté cette valise au moment où je *partais* pour la France.

フランスに行ったのは去年の話ですから、明らかに過去のことなのに、フランスに行く前に買ったので「行くとき」とル形が用いられています。タ形の場合も従属節では未来になることもあります。

　5) 駅に着いたら電話してくれ。

　　Tu m'appelleras dès que tu *seras arrivé* à la gare.

「着いたら」というタラ条件文の中に動詞のタ形の要素が含まれていますが、フランス語訳でもわかるようにこれは未来のことです。こうしてみますと、ル形にしろ、タ形にしろ、同じ形なのだから主節と従属節で別々の働きをしていると考えるわけにはいきません。現在形や過去形というのは、本来話し手のいる位置からみた出来事の時間的な位置関係のことです。英語やフランス語は、従属節におかれても、基本的に時制は話し手のいる現在の位置からの時間関係を示します。しかし日本語の従属節は、主節から見た時間関係を表しているのです。「行くときに買った」では主節の「買う」

という行為が起こったときには「行く」という行為は成立していません。一方、「行ったとき買った」では「買った」時点でもうそこに行っています。このように主節からの時間関係を示す時制を「**相対時制**」と呼ぶことがあります。話し手のいる位置からの時間関係を示す英語やフランス語の時制は「**絶対時制**」です。ただし、日本語でも常に従属節が相対時制になるわけではなく、「財布はさっき切符を買ったとき落としたのだと思います」のような例ですと、絶対時制に解釈して「切符を買うとき」落としたというのとほぼ同じ意味を表すこともできます。細かい使い分けはともかく、あくまでも話し手のいる位置からの時間関係という絶対時制の発想だけでは、日本語の適切な分析はできないのです。

6) a. **Il a dit**₍₁₎ qu'il **rendrait**₍₂₎ le livre dès qu'il l'**aurait lu**₍₃₎.

  b. 本は読んだ₍₃₎ら返す₍₂₎と彼は言った₍₁₎。

6) a のフランス語と 6) b の日本語を比べてみます。まず気がつくのは、フランス語と日本語では出てくる動詞の順序が逆だということです。フランス語では、まず①「彼が言った」と、過去における彼の発言であることが示されます。そのような枠組みを作って、その中に中身を入れていくという感じですね。この①に続く②③の動詞も①の影響を受けて時制がひとつ過去にずれています。いわゆる時制の一致ですね。そしていずれの動詞も、話し手のいる位置からどのような時間関係にあるかが示されているのです。③の aurait lu は条件法過去形ですが、過去からみた未来完了を表しており、過去→未来→過去と時間を表す要素が3つもジグザグに組み合わされた形です。形を分解すると aur-ait の ait の語尾の形が「過去」を表します。「彼が言った」という過去の時間を出発点にしなさい、という指令ですね。次に au-r-ait の r が「未来」を表します。②の彼が返すことになる時点を展望するわけです。そして avoir lu という複合が、②の時点からみたそれ以前を表わして完結します。複雑ですが、順に流れを追っていけるので理解に苦しむことはないでしょう。

  さて日本語ですが、いきなり中身の③から入ります。この発言全体が

過去の出来事であることを示す①は、この段階では出てきていませんから、その影響は受けません。どの言語でも、先に出てきた要素があとから出てくる要素に影響を与えることはあっても、あとから出てくる要素がその前に出る要素に影響を与えるということは原則的にはありません。ですから日本語には、フランス語や英語にあるような時制の一致の規則はないわけです。日本語の③にあらわれる時制要素も、タ形ただひとつで実にシンプルです。3つも時制要素をもっていたフランス語とは大違いですね。③「読んだ」のタ形は、ただ単に次の②「返す」の時点で③がそれ以前に終わっているということを示しているにすぎません。②のル形も単に未成立の事態として描いているにすぎず、どの時点で未成立かと言えば、最後の①「言った」の時点であり、ここで文が終わるので、やっと今の時点からみてそれまでの出来事の流れが過去のことだったとわかるのです。フランス語が出発点とした「話し手のいる位置」の役割がずいぶんと小さいと思いませんか。

　7）ソフトのマニュアルを読んだ。

これは過去形の文であり、このタ形はフランス語の複合過去形と同じようなものとしてとらえることができます。しかし、

　8）**a.** ソフトのマニュアルを<u>読んだ</u>ら使い方がわかります。

　　　b. ソフトのマニュアルを<u>読んだ</u>ら使い方がよくわかりました。

と、7）をタラ条件文の中に組み入れてしまいますと、大きく性質が変わってきます。改めて7）そのものと8)の中に入っている7)とを比べてみると、7)はあくまでもマニュアルを読むという出来事が過去になったという段階を描いているだけで、みな同じであることがわかります。8)a はそれが未来の「わかる」という出来事から見た過去、8)b は過去の「わかった」という出来事からみた過去、そして「読んだ」だけで終わりになった7) は今から見た過去、と単に基準点が違うだけです。

　そう、時制に「今から見た」という前提は通用しないのです。本書では、日本語や英語とも比べながらフランス語の時制の謎を解明していきたいと思います。

勉強法今昔

◇◇

　外国語の勉強法にも時代によって差があります。一番の違いは会話の学習法でしょうか。生のフランス語にふれる機会が少なかった私たちの先生の時代は、フランス映画がなんといっても最大の資源で、同じ映画を映画館に何度も見に行ったという話はよく聞きましたし、西村牧夫著『中級フランス語　よみとく文法』では、オープンリールのテープレコーダーを抱えて見に行った経験が語られています。今なら映画館に録音機材など持ち込んだらたいへんですが、おおらかな時代だったのですね。私の時代はビデオテープで、今はなきベータという方式のビデオを中古で買って、フランス映画のエアチェックを試みました。当時のミッテラン大統領が来日するとあって、深夜番組でフランス映画特集があり、満を持して録画しました。『うたかたの恋（*Mayerling*)』『舞踏会の手帖（*Un carnet de bal*)』など、1930年代のフランス映画が放送され、胸をときめかせたものです。改めて DVD になった作品を観ましたが、このような聞き取りにくい録音をよくもありがたがって聞いていたものだなあと我ながら感心しました。しかし、当時はそれがとても貴重で、何度も繰り返して観た記憶があります。今は音質もよく、字幕を出したり消したりできる DVD やブルーレイがたくさんあって、私たちからするとうらやましい限りの環境ですが、ひょっとしたらオープンリールのテープやビデオテープのほうが学習に役立っていたのかもしれません。「それしかない」ということと、貴重であるという思いがあって、何度も利用したような気がするのです。

　もうひとつの違いは単語の記憶です。インターネットなどない時代ですから、せっかく覚えた単語にいつまた出会えるかわかりません。今ならネットで検索すると、またたくまに実際の用例が見つかります。私たちからするとこれもうらやましい環境です。ただ、単語を単純に暗記するのと用例の中で理解することの違いは、どなたもご存じですね。

第2章
謎解きの道しるべ

この章では、具体的な謎解きに入る前の、謎解きのための装置を用意します。時制全体の見取り図を見ていただいたり、複雑な時制をどのようにして表記したらよいかの工夫、単純形と複合形の違い、時制的意味と叙法的意味といった複数の時制にわたって共通に用いられる装置を使うことによって、謎解きの手がかりにしようというわけです。その中心には、私が主として依拠しているメンタルスペース理論という認知言語学の考え方がありますが、一般の学習者にもわかりやすいようにそのエキスだけを述べています。「スペース」という一般の文法書には現れない言葉も登場しますが、場面という程度の意味で、それほど難しいことはありません。言語学の予備知識は不要ですので、安心して読み進めていってください。

8課 基本の6時制

　この章では、謎解きのための道しるべをご紹介したいと思います。最初は「時制」という謎の国の地図、全体の見取り図です。「どうしてこんなにたくさんあるの？」というのが究極の謎だとすると、その謎を解く前に、たくさんあるその時制全体の見取り図を把握しておかなくてはなりません。まず、直説法を中心とした下記の図を頭に入れてください。

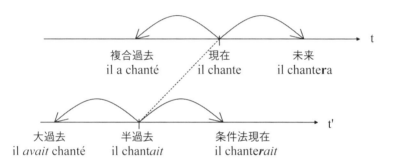

時制の基本は「過去・現在・未来」であることは問題ありませんね。図の t 軸で示してあるのがそれです。話し手が「今」と感じられる時間が「現在」で、そこで起こっている出来事は現在形で表します。「彼が歌っている」なら Il chante です。今の時点で歌い終わっていれば「彼は歌った」で、複合過去の Il a chanté となります。形は〈助動詞（avoir もしくは être）＋ 過去分詞〉でしたね。これから先、未来にそうするだろうという場合は、「彼は歌うだろう」で未来形を用い、Il chantera です。活用形の上で過去形と未来形は対照をなしていないように見えるのですが、実はそうではありません。未来形はかつては〈不定法 ＋ avoir〉から成る複合時制で、上記の例ですと avoir（à）chanter（歌うべき状態にある）という意味から発展して未

来を表すようになりました。その後、avoir の部分が語尾化して動詞と一体化し、(il)chanter + a となったのです。活用の復習もかねて、不定法の chanter に avoir 現在形の活用をくっつけてみましょう。je chanter + ai, tu chanter + as, il chanter + a, nous chanter + avons, vous chanter + avez, ils chanter + ont となりますね。「nous と vous のところが合わないじゃないか」とおっしゃるかもしれませんが、avons, avez というのはどちらも2音節で、語尾にするには長すぎるのです。そこで av の部分を落とし、nous chanterons, vous chanterez となって無事未来形ができあがりました。こうしてなりたちまでたどっていくと、一見しただけではわかりにくい過去と未来がきれいな対照をなしていることがわかります。

　さて、ここまでは話し手が今いる時点を基準とした時間の表示ですが、フランス語には過去の時点に身を置いて、その時点から見たさらなる過去や、その時点から見た未来を語る語り方があります。そのような語り方で発生する時間軸を左の図では t' で示しています。この軸の中心にあるのは半過去で、視点を過去に移した時点における現在を表します。Je *me suis levé* à six heures ce matin. Il faisait beau.（今朝6時に起きた。晴れていた）という文を考えてみましょう。「今朝6時に起きた」という部分は、今話している時点から過去を振り返って、「そういえば今朝は…」というような形で語られ、複合過去が使われます。その次の「晴れていた」は、その6時に起きたときの状態に自分をおいて、その時の情景を描いているのです。過去に身を置いたその時点における状態ですから半過去が使われます。活用形の特徴は -ait の語尾ですね。chanter を Il chantait と半過去にすると、過去の時点に身を置いたときに、ちょうど彼が歌を歌っている途中だったということです。日本語では「彼は歌っていた」となります。さて、この半過去の時点を基準にして、それよりさらに前の過去は大過去によって示されます。形は〈助動詞（avoir もしくは être）の半過去形 + 過去分詞〉で、複合過去と完全に平行関係にあります。そして、過去から見た未来を語るのが条件法現在です。名称は現在ですが、時制の価値からい

うと「過去未来」と表現したほうが実はぴったりします。活用形をよく見ると「chante + r + ait」のように分析できます。さきほど未来形は〈chanter + a〉のように分析しましたが、実際に活用させてみると、avoir のような例外的な活用をするものも含めて、il aura のように、必ず語尾に r の音が入っていることに気づきます。つまり、この r が未来を表す印になっているのです。そうなると「chante + r（未来）+ ait（半過去）」となりますから、ここでも未来形と平行関係にあることがわかりますね。この関係を図示してみると、t 軸の時制と t' 軸の時制が対応していることがよくわかり、たくさんある時制のうち、この 6 つを同時に頭に入れることができるのではないでしょうか。この主要な 6 つの時制が頭に入ったら、あとは楽です。「複合過去の文語体は単純過去」と、とりあえず覚えておきましょう。皆さんがフランス語で文章を書くときに単純過去を使わなくてはならないことはまずありません。小説などを読むときに、「これは単純過去なのだ」とわかるだけでよいのです。

　単純形と複合形の関係は対にして覚えるのがよいでしょう。現在→複合過去、半過去→大過去、単純過去→前過去、条件法現在→条件法過去のように、単純形にはどれも対応する複合形があります。形はどれも〈助動詞（avoir もしくは être）の単純形 + 過去分詞〉です。11 課で改めて取り上げますが、意味もその単純形で示される時間のさらに前、ということだけですから、形も意味も理解するのはそれほど難しくはありません。

　ここで、助動詞がどうして avoir と être なのか、ということにも少し触れておきます。助動詞とセットで用いられる過去分詞ですが、分詞というのは「動詞の性質と形容詞の性質を分かち持っている詞」という意味で、動詞が形容詞化されたものであると考えてください。現在分詞は動詞で表された動作が進行中の状態を、過去分詞は完了した状態を示しています。形容詞ですから、「かかっていく」、すなわち修飾する対象となる名詞があり、その名詞が行為の完了した状態を帯びているということを表します。

　具体的な例で考えてみましょう。un pot cassé は「壊れた壺」ですが、

40

cassé は casser（壊す）の過去分詞です。この例では un pot を修飾しています。casser の動作が完了し、壺がその完了した状態になっているということです。Paul が壺を壊した場合、その瞬間に Paul が自分の力の及ぶ範囲に壊れた壺を持っているという状態が成立します。Paul a un pot cassé. です。ここから、結果の状態より、その動作そのものに注目が移ったとき、cassé という過去分詞は動詞の位置に移動して Paul a cassé un pot.（ポールは壺を壊した）という複合過去が成立したと考えられます。

　自動詞の場合はどうでしょうか。feuille morte は枯葉ですが、mort は mourir（死ぬ）の過去分詞で、feuille にかかり、死んでしまった葉っぱの意味になりますね。しかし、葉っぱが枯れているということを述べるのならば、単純に être を使って La feuille est morte. と言えばよいわけです。これが自動詞の場合の複合過去です。したがって、元来は他動詞の場合の助動詞が avoir で、自動詞の場合の助動詞が être なのですが、助動詞として用いられる avoir が「持つ」という本来の意味を失って複合形を作る記号のようになっていくと、多くの自動詞もこの助動詞を用いるようになり、être は移動や状態変化を表すものに限られるようになったのです。助動詞が avoir と être である理由もおわかりいただけたでしょうか。

　以上で、現実のありようを描く直説法のすべての時制の位置づけが定まりました。直説法と言いながら条件法現在や条件法過去なども入っているではないか、と言われそうですが、条件法現在は直説法過去未来、条件法過去は直説法過去未来過去と呼んでもよいような性質も備えているのです。このように対応関係を整理していくと、直説法のシステムが意外にシンプルにできあがっていることが見えてくるのではないでしょうか。

⑨課 時制の一致の見取り図

　8課で挙げた直説法の見取り図を道しるべにして、「時制の一致」と呼ばれている現象をたどっていきましょう。時制の一致とは、直接話法から間接話法に移行する際に、主節の動詞の時制に従属節の動詞を一致させることです。8課の図でいうと、t 軸の時制が、対応する t' 軸の時制に置き換わることなのです。

1）a. Paul a dit : « Je *lis* le livre que j'*ai acheté* hier. »

　　ポールは「昨日買った本を読んでいるんだ」と言った。

b. Paul a dit qu'il *lisait* le livre qu'il *avait acheté* la veille.

2）a. Paul a dit : « J'*irai* me promener dans la forêt demain. »

　　ポールは「明日森を散歩します」と言った。

b. Paul a dit qu'il *irait* se promener dans la forêt le lendemain.

1）も2）も、a が直接話法、b が間接話法です。どちらもポールが発言したのが過去であることから、1）では現在形（lis）が半過去（lisait）に、複合過去（ai acheté）が大過去（avait acheté）に、2）では未来（irai）が条件法現在（irait）になっています。人称の変化や副詞の変化（hier → la veille, demain → le lendemain）にも注意してください。

　時制の変換については原理を考えてみるとよくわかりますね。半過去の位置というのは過去の世界に身をおいて、その時点における「現在」なのだという話を8課でしました。1）、2）の例では、現在の位置にいる話し手が、Paul a dit と発言した段階で、Paul の発言の時点に身を置くわけです。これで t 軸の世界がそのまま t' 軸の世界に移り、もとの発話の現在が半過去になり、複合過去は大過去で、未来は条件法現在で表現されるということになります。

　初級文法で扱う内容はここまでなのですが、「t 軸の時制を t' 軸に移す」

42

という原理が見えてくると、2課で挙げた謎のひとつに光が差してきませんか。そう、「半過去はなぜ時制の一致の影響をうけないのか」です。時制の一致は t 軸にある時制が対象で、t 軸上にない半過去はその影響を受けないのです。もう一度例文を見てみましょう。

3) a. Paul a dit : « J'*allais* à l'école à pied quand j'étais petit. »
　　ポールは「幼い頃は学校に歩いて通っていた」と言った。

　　b. Paul a dit qu'il *allait* à l'école à pied quand il était petit.

3)は半過去ですが、内容からポールが話をした時点のことでないことがはっきりわかり、aller は半過去のままで何の問題もありません。もともと t 軸から独立した t' 軸での話をしていました。もとの t 軸は視点が過去に移されて新たに作られる t" 軸になりますが、t 軸とは独立したもとの t' 軸は、新たにできた t" 軸からもやはり独立して存在しているのです。もう少し具体的に書きますと、伝達者の位置が現在で、Paul a dit で示されるポールの発言の位置は過去です。この過去の発言の位置を基準にして Paul の発言内容を伝達者は伝えようとするのですが、発言内容そのものがその過去の位置からさらに視点を移した過去の話なので、視点を二重に移すことはできません。結局、ポールが視点を移した先の過去に、伝達者が視点を移すことになり、視点の移動は一回だけで、半過去は半過去のままということになります。半過去は時制の一致の影響を受けないという「**半過去不変の原理**」が存在するのです。

　大過去の場合も t 軸上にある時制ではありませんから、時制の一致とは無関係です。

4) a. Paul a dit : « Hier j'ai lu le livre que j'*avais acheté* avant-hier. »
　　ポールは「昨日は一昨日買った本を読んだ」と言った。

　　b. Paul a dit que la veille il avait lu le livre qu'il *avait acheté* le jour précédent.

ただ、こうして並べてみると、直接話法の場合は「読む（lire）」が複合過去、「買う（acheter）」が大過去で表現されていて、本を買ったときが、本を

読んだとき以前であることが、時制の異なりとして示されています。それが間接話法になるとどちらも大過去になって、そのずれが示されなくなるじゃないか、と文句を言われそうです。でも、日本語の場合も、「買った本を読んだ」ですから、「買った」も「読んだ」もタ形を使って表現しているだけで、違いなどありません。それでもそのずれは、話の内容から何の問題もなくわかります。フランス語でも同じで、la veille とか le jour précédent（あるいは l'avant-veille）という副詞があるおかげで、何ら曖昧さは生じていないのです。

　ただし、「半過去不変の原理」からいくと、ちょっと困ったこともあります。半過去には、si で導かれる条件文の中で使われて、仮定の世界の出来事を表す用法がありますね。

5）a. **Paul a dit : « J'irais me promener dans la forêt s'il *faisait* beau demain. »**

ポールは「明日晴れてくれれば森に散歩に行ったんだけどなあ」と言った。

　b. **Paul a dit : « J'irai me promener dans la forêt s'il *fait* beau demain. »**

ポールは「明日晴れれば森に散歩に行きます」と言った。

5)a は「晴れないと思うけど、ひょっとして晴れてくれたら」という仮定であるのに対し、5)b は単純に「晴れた場合は」ということです。言い換えると、5)a のように半過去を用いる仮定はそうなる可能性の低い仮定、5)b のように現在形を用いる仮定は可能性が五分五分の仮定ということができるでしょう。しかし、この2つを間接話法に直すと、どちらも

6）**Paul a dit qu'il irait se promener dans la forêt s'il *faisait* beau le lendemain.**

となります。逆に 6) から直接話法の形を復元しようとすると、普通は 5)b のほうで解釈することになるでしょう。つまり、5)b では 5)a の半過去と条件法がもっていた可能性の低さというニュアンスはすっぽり抜け落ちてしまうことになります。

　ここに文法の限界があります。フランス語の文法のしくみは、5）a の可能性の低さを表す半過去を間接話法で伝える手段をもっていないのです。では、その内容は間接話法で表現できないのか、というとそうではありません。そもそも、間接話法とは第三者が話した内容を、話し手が自分の立場からとらえ直して伝えることです。何も一字一句、第三者が言った通りに、機械的に変換して伝える必要はありません。ですから、たとえば次のように言います。

7）**Paul a dit qu'il irait volontiers se promener dans la forêt s'il pouvait faire beau le lendemain.**

volontiers（進んで）とか、助動詞の pouvoir（ありえる）などを加えることで、可能性の低い話なのだということを伝える工夫をするわけです。このように、伝え方は場合に応じて柔軟に変わるものです。しかし、実際の言語活動を考えてみますと、この種の伝達のほうがむしろ普通で、私たちが普段使っていることではないでしょうか。どうしても相手の発言を正確に伝えたいなら、直接話法で言えばよいのです。間接話法で伝えるということ自体が、自分の言葉に直して伝えますよという姿勢を示しているわけですから、最初の発言の形式にこだわること自体がナンセンスだ、ということになります。

　最後に、時制の一致が問題になるのは発言が過去の場合だけで、未来の場合はもとの発言の時制がそのまま使われるということも指摘しておきます。Il dira : « J'ai acheté un livre.»（本を買ったと彼は言うだろう）は間接話法にする場合、仮に彼が本を買うのが未来であっても Il dira qu'il a acheté un livre. です。未来の位置を基準にした t' 軸はないので、t 軸上の時制は置き換わりようがないのです。

10課 時制の価値を記述する

　9課までは時制を時間軸を使って説明しました。授業などでも用いられる古典的な記述方法で、直感的にもわかりやすかったのではないかと思います。今回からは、ちょっと変わった記述方法を道しるべとして用いてみます。考案したのは今では弁護士をしている Michelle Cutrer という言語学者で、「メンタルスペース理論」という言語学の理論に基づいて、英語やフランス語の時制のしくみを分析しました。こう書くとなにやら難しそうな話に聞こえますが、原理は単純で、直感的にも理解しやすいものですから、敬遠せずについてきてください。

　これから話題にする「スペース」は、一種の場面だと考えてください。まず、話し手が聞き手に向かって話しているスペースがあります。このスペースを BASE と名付けます。全部大文字で書くのは、これがスペースであるという印です。時間軸上に示した現在を表す点と同じで、それを広がりのあるスペースととらえているわけです。ここで複合過去を使って Il a chanté と言ったとします。この発言により、新たなスペースが作られ、そのスペースの中に「彼が歌う」という出来事が記述されるわけですが、複合過去という過去形を使って表現されているので、この新しいスペースは BASE から見て過去の位置に作られることになります。こうして、時制の指示によって作られ、動詞の表す出来事が書き込まれるスペースのことを EVENT と名付けます。出来事という意味で、動詞が表す事態のことですから、動作でも状態でも構いません。Sa maison était très grande.（彼の家はとても大きかった）は、半過去で表された状態ですが、この場合動詞が表す事態は être très grande（とても大きい）ということで、「彼の家がとても大きい」という状態が過去に作られる EVENT に書き込まれる、ということになります。フランス語の時制とは、BASE から見て EVENT

がどこにあるかを指定するしくみだということができるでしょう。8 課の見取り図では、「現在」となっているのが BASE で、矢印の先にあたるのが EVENT ということになります。

　この 2 つのスペースだけなら単純なのですが、これ以外に V-POINT というスペースと FOCUS というスペースを加えて、4 つのスペースの組み合わせで時制の価値を記述するのが、メンタルスペース理論による時制記述です。V-POINT というのはどこから見ているのかというスペースで、基本は BASE と同じ位置にあります。FOCUS はどこのことを語りたいかというスペースで、基本は EVENT と同じ位置です。

　それでは基本の過去形である複合過去を図示してみます。どんな文でもいいのですが、たとえば Il *est parti* à dix heures.（彼は 10 時に出発した）ということにしましょうか。この文は今（BASE）からみて（V-POINT）、過去の位置にあるスペースに「彼が 10 時に出発する」という事態（EVENT）が書き込まれ、その事態を表現することを意図（FOCUS）したものですから、以下のようになります。

　1）

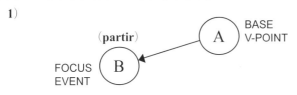

今、話し手がいるスペースが A で、彼が出発したスペースが B です。A, B というのは単に出てきた順につけていったスペースの記号で、特に意味はありません。話の流れにそって上から下にスペースが作られていくということで、上と下にずらしました。さらに左方向が過去を表します。「A から見て B は過去にある」ということです。また「A から見て」という視点の向きを矢印が示しています。未来形で il partira と言ったとしますと、B の EVENT の位置は A から見て未来の方向になりますから、次の 2）のようになります。

2）

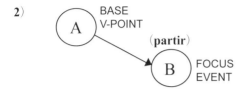

複合過去は1）のように、未来形は2）のように記述することができます。

　ここまでは何も仰々しくスペースを持ち出すこともない話ですが、もう少し記述の対象を広げると、V-POINT や FOCUS を設ける意味がわかってきます。8課で示した基本の6時制の図をもう一度見直してください。フランス語の時制には、現在すなわち BASE を基準にした現実の時間軸 t と、視点を過去に移した半過去の位置を基準にした時間軸 t' がありました。半過去の系列は、V-POINT（視点）が、過去の位置にあるものとして示すことができます。すなわち半過去は、

3）

のように書くことができるわけです。半過去は Il a dit qu'il *était* heureux.（彼は幸せだと言った）のような従属節で出てきますが、彼が実際に発したせりふは Je suis heureux.（僕は幸せだ）という現在形の文です。これが半過去になるのは最初の Il a dit の段階で、1）のようにスペース B が作られ、その後その B の位置に V-POINT が移って3）のような形になるのだと考えられます。大過去の場合は、この B の位置からさらに過去の位置にまた新しいスペースが作られ、そこに FOCUS と EVENT が移ることになります。たとえば、Il a dit qu'il *était parti* à 10 heures.（彼は10時に出発したと言った）ですが、この大過去は4）のように示すことができます。

4）

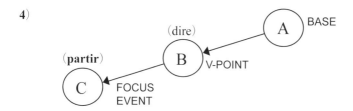

　このCのスペースに「彼の出発」という出来事が書き込まれます。過去の
ある時点Bに視点をおいて、そこからさらなる過去Cの出来事を語るの
が大過去ですから、4）の書き方は8課の図で示した大過去と同じ価値を持
つことを確認してください。ただし、4）の書き方は、AからまずBが作ら
れ、その後にBからCが作られるという、スペースができあがっていく順
番も示しています。Il a dit の段階がまずあって、Bができ、そのあとで彼
の視点にたってCを指定するということですね。
　条件法現在はもうおわかりでしょう。Bに視点をおいて、Bからみた未
来を表しますから、

5）

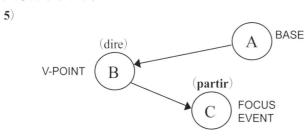

となります。Il a dit qu'il *partirait* à 10 heures.（彼は10時に出発するだろ
うと言った）は大過去のときと同じで、まずIl a dit の段階でBが作られ、
そこを視点にしてCにおける出来事を語るという構造になっています。

11課 複合形の記述

10課では、8課で示した基本6時制を、スペースの組み合わせを使った図で記述しました。そのすべての時制において FOCUS と EVENT は常に同じ位置にありました。それなら FOCUS はいらないことになりますね。FOCUS と EVENT がずれるのは完了形の場合です。英語には過去形と現在完了形があります。

1) a. He *lived* in Japan.
   b. He *has lived* in Japan.

1)a は「日本に住んでいた」という過去形、1)b は「日本に住んでいたことがある」という現在完了形です。今話し手がいるスペースを A、彼が日本に住んでいたスペースを B としますと、BASE と V-POINT はどちらも A にありますし、EVENT は B です。現在完了といっても、「日本に住んでいた」という出来事そのものは、過去であることに変わりありません。では、過去形と現在完了形というのはそもそも何が違うのでしょうか。

過去形の場合、話し手が表現したいことの中心は B にあります。過去の出来事を語ることに主眼があって、その出来事が live であるということですね。これに対し、現在完了形の場合、本当に語りたいのは過去の出来事そのものではなく、その出来事の結果としての現在の状態です。彼は過去に日本に住んでいたことがあり、日本のことをよく知っているというようなことでしょうか。このように言いたいことが描かれているスペースが FOCUS です。英語の場合、過去形は FOCUS が B、すなわち EVENT と同じスペースにあるのに対し、現在完了形は FOCUS が A、すなわち現在にある、ということではないでしょうか。

図示してみましょう。英語の過去形は 2) のようになります。

2）

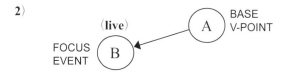

　現在完了形は FOCUS が A にあって、

3）

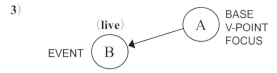

のように記述することができます。これで過去形と現在完了形を記述分け
することができました。

　FOCUS とはこのように完了形を記述するために導入されたスペースで
あるということができます。完了を、

4）

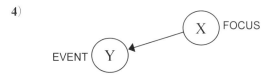

のように、FOCUS と EVENT をずらすことで表現するわけです。過去で
ある Y の出来事の結果状態が存在している X に焦点をあてて述べている
ということですね。これは完了形すべてにあてはまる構成ですから、ス
ペースも X, Y という変項を表す記号にしました。個々の完了時制では、
さまざまなスペースがこの X と Y になることになります。

　フランス語でこの完了を表すのは〈助動詞（avoir もしくは être）＋過
去分詞〉で構成される複合形です。フランス語の複合形も、本来は 4）の
形で表される完了の価値をもっていたのです。事実、動詞単独で表現さ
れる未来形は次ページの 5）のように FOCUS と EVENT が同じスペース
B にあります。

5)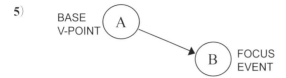

前未来 Il sera parti. ですと EVENT が FOCUS から離れ、

6)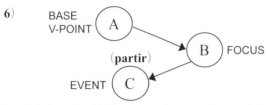

となります。4）が適用され、B が X、C が Y ですね。

　ここで、次の規則があることをあらかじめ指摘しておきます。

7）V-POINT は過去の位置にしか移動できない。

　過去ですと、実際に経験しているので、そのときの状態に身をおくということができますが、未来は未知なので、視点を預けることができにくいのではないかと思います。V-POINT が B の位置に移れないので、前未来は 6）の形しかありません。

　しかし、そうだとすると複合過去や大過去はどうなるのでしょうか。10 課では複合過去も大過去も複合形なのに、EVENT と FOCUS を同じ位置に置きました。しかし、複合過去も、

7）– Il est là ?　　　　　　彼いる？

　　– Non, il *est parti*.　　いいえ、行ってしまいました。

のような文ですと、今の状態について聞かれて、素直に今の状態を言っていると解釈できます。この場合の複合過去は英語の現在完了と同じで、3）のように書かれるべきものです。そもそも助動詞として使われた être ですが、本来の意味は「そのような状態にある」ということ、つまり partir を完了した状態 (parti) であるということなのです。フランス語には次のような性質があります。

52

8）V-POINT と FOCUS が同じ位置にあることを表す形式は FOCUS を EVENT 位置に移した価値も表現できる。

これは、3）の表現（複合過去）が2）の意味（過去）も表すことができる、ということであり、大過去も本来は、

9）

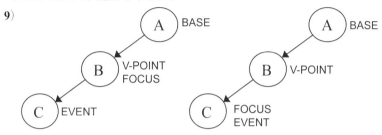

の左のような形を表す形式ですが、V-POINT と FOCUS の位置が同じなので、右の意味も表せる、ということを意味します。英語の場合、現在完了は過去の意味にはならず、8）は成立しませんが、日本語でももともと完了を表す助動詞「たり」が「た」となり、もともと過去を表していた「き」「けり」に代わって使われるようになるなど、多くの言語で完了から過去の意味への拡張が行なわれています。8）はフランス語でもそのような拡張が行なわれたということを示しています。

　フランス語の大過去が9）に図示した 2 つの形になり得ることは、複合過去が 3）のような完了と、2）のような過去という 2 つの意味をもつことに対応しています。Paul est déjà parti.（ポールはすでに出発している）が完了、Paul est parti à 10 heures.（ポールは 10 時に出発した）が過去とすると、

10）**a. Marie a dit que Paul *était* déjà *parti*.**

　　（**Marie a dit : « Paul *est* déjà *parti*. »**）

　　b. Marie a dit que Paul *était parti* à 10 heures.

　　（**Marie a dit : « Paul *est parti* à 10 heures. »**）

10)a の大過去は完了に対応するので9）の左の図、10)b は過去に対応するので9)の右の図になります。

12課 フランス語の時制一覧

　ここで、これまでに出てきたフランス語時制についてスペース構成を示しておきましょう。時制の謎をとく道しるべですから、これからも参照してください。それぞれ、単純形と複合形をセットにして提示します。複合形は、単純形で FOCUS と EVENT が重なっているものから EVENT を過去にずらした形です。

1）a. 現在形　　　b. 複合過去

ただし、複合過去は V-POINT と FOCUS が同じ位置にあるので、次の単純過去2)a の形も表現できます。そのため現在では単純過去に代わって複合過去が日常的に使用されるのです。

2）a. 単純過去　　　　　　　　b. 前過去

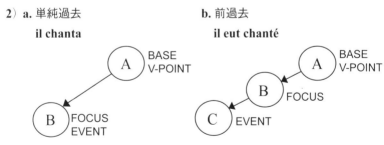

単純過去も前過去もこの形しかありません。

3）**a. 半過去**

il chantait

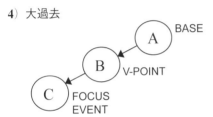

b. 大過去

il avait chanté

ただし、大過去は V-POINT と FOCUS が同じ位置にあるので、次の形も表すことができます。

4）大過去

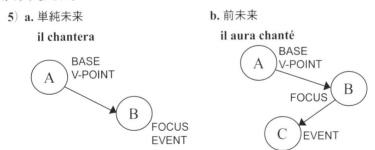

V-POINT は未来に移ることができないので、未来形と前未来は次の形しかありません。

5）**a. 単純未来**

il chantera

b. 前未来

il aura chanté

条件法は過去から未来を見つめる形ですが、複合形（条件法過去）があり、4つのスペースがすべて重ならない、もっとも複雑な形になります。

6）a. 条件法現在　　　　　　　b. 条件法過去
　　　il chanterait　　　　　　　　il aurait chanté

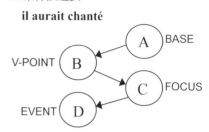

条件法現在は直説法過去未来、条件法過去は直説法過去未来完了と同じこ
とですから、直説法の体系の中に組み込まれるべきものであると思いま
す。したがって、以上で直説法の時制はすべて記述したことになります。
これ以外に、補助的に〈aller + 不定法〉という近接未来の形があります。現
在形の il va chanter. は、

7）

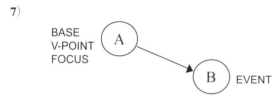

Il allait chanter. は、

8）

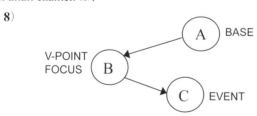

のようになります。FOCUS と EVENT がずれる、という点では単純形と
複合形の関係が単純未来と近接未来の関係に似ています。

　最後に「V-POINT が過去の位置にしか移動できない」という重要な法則について補足しておきます。このような規則があるために、6) b の方向を逆にした

9)

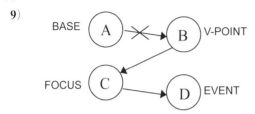

のような形はありません。未来に V-POINT を移動できないからです。また、未来の話者の視点にたつこともできないので、未来では時制の一致は起こりません。Il dira : « Je suis heureux. »（彼は「幸せだ」と言うだろう）は間接話法に直しても Il dira qu'il est heureux. で、qu'il sera ... とはならないのです。Il est déjà parti. は完了、Il est parti à 10 heures. は過去で、それに対応した大過去にも「過去の完了」と「過去の過去」の区別がありました。しかし、前未来ではどうでしょう。どんなときに生じるかというと、

10)　a. Quand Marie arrivera chez lui, Paul *sera* déjà *parti*.

　　　マリーが彼の家についたとき、ポールはもう出かけているだろう。

b. Quand Marie arrivera chez lui, Paul *sera parti* à 10 heures.

　　　マリーが彼の家についたとき、ポールは 10 時に家を出てしまっているだろう。

です。そもそも quand 節は FOCUS を指定する表現なので、マリーが彼の家についた未来スペースが FOCUS なのです。仮に 10 時に出てしまっている（deux heures auparavant「その 2 時間前」のような表現が普通ですが、あえて過去と解釈したくなる表現を無理に選びました）というような内容であっても完了であって、FOCUS はマリーの到着のときにあると考えなくてはなりません。

時制を連続的にとらえる

　スペースの組み合わせによる時制の価値記述法の利点は、それぞれの時制価値を単独で記述するのみならず、前からの流れを記述することができることにあります。具体的な例を挙げましょう。

1）Paul *a dit* qu'il *rendrait* le livre dès qu'il l'*aurait lu*.

　　ポールは、本は読んだら返すよ、と言った。

ここには dire, rendre, lire の3つの動詞が、a dit（複合過去）、rendrait（条件法現在）、aurait lu（条件法過去）という、それぞれ異なった時制で出てきています。しかし、それぞれの時制は前の動詞の時制と無関係に選ばれているわけではありません。1）のもとになったポールの発言は Je rendrai le livre dès que je l'aurai lu. ですよね。この前未来 aurai lu は、その前に rendrai le livre という未来形があって、この未来の場面のときまでに終わっているということを示すために出てきています。つまり rendrai の未来形の影響を受けているのです。この rendrai も 1）では rendrait という条件法に代わっています。この変化はその前の a dit によって、過去の場面を基準にしてそこから未来方向に向かうためにでてきたものです。つまり、a dit の影響を受けているわけです。ちなみに日本語では「返すよと言った」で、直接話法でも間接話法でも時制は変わりません。これは「返す」ほうが先に出てきているので、それよりあとの「言った」の影響を受けないためだと説明できます。

　さて、この流れをスペースを使って図示してみましょう。まず最初の Paul a dit ですが、これは複合過去ですから 12 課で見た通り、2）のようになります。

2）

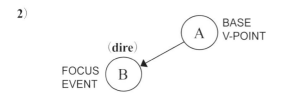

ポールが何かを言う（dire）という出来事は、B のスペースで生じている
わけです。次はこの段階からスタートします。次の rendre は条件法現在に
置かれていますから、12課の6）a の形を作らなくてはなりません。それに
は2）の段階から、B に V-POINT を移し、B から未来方向に新しいスペー
ス C を作って、そこに EVENT と FOCUS を移動させればよいのです。こ
うして以下の3）ができあがります。

3）

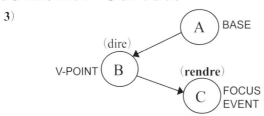

意味の上でも、ポールの発言した位置に視点（V-POINT）をおいて、そこ
からみた未来の世界で、「返す（rendre）」と言っているのですからぴったり
ですね。形の上でも、rendrait の ait という半過去の語尾が A から B に至
る過去性を表し、rend-r-ait の間にある r が B から C へ向かう未来の価値
を表しています。スペース構成による記述はこのように時制の構成要素の
ひとつひとつが矢印に対応しているという形で正確にその価値を表現で
きるのです。

　さて、最後の条件法過去 aurait lu ですが、形は 12 課の 6）b です。しか
し rendrait の段階で上の 3）までできていますから、C から過去の方向に
新しいスペース D を作ってそこに EVENT を移すだけでできあがります。
4）の図を見てください。

4)

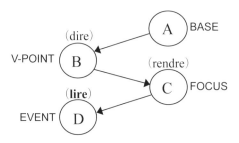

　内容からいっても、「本を返すけど、それは lire という行為が終わったらすぐだ」ということですから、lire は rendre より過去の位置にあります。さらに lire は本を返す条件として持ち出されたものですから、C の段階で読み終わった状態でいることが大切なわけです。そのため FOCUS は C の位置のままで、C と D が表す完了の意味とぴったりあっています。C が 11 課 4）の X にあたり、D が Y にあたることを確認してください。

　ここでも、語形がすべての矢印に対応していることを確認してみましょう。aurait lu の au-r-ait の中に過去（-ait）と未来（-r-）があり、これが A から B と B から C の矢印に対応します。そして avoir lu という複合形が最後の C から D に向かう過去に対応するわけです。さらにこの図は隣接したスペースの位置関係ははっきりと示されていますが、A と C もしくは A と D の関係は示されていません。実際、彼が本を返してくれたかどうかは条件法過去の形だけではわからず、C や D と A の位置関係は不明です。こうしてみてみると、この方法は極めて合理的な記述方法であることがわかりますね。

　しかし、さらに大切なのは、すべての基本スペースが A に集まっていた最初の段階から、一気に 4）が作られるのではなく、1）から 2）、そして 3）の段階を経て 4）に至るということなのです。個々の時制は 12 課で示したようなスペースを構成しなさいという指令です。しかし、それぞれ用いられる文脈があって、すでに構成ずみのスペースから自然な形で要求

されたスペースが構成できるように配置されているものなのです。スペースによる時制記述はこのような連続した時制の使用を文脈の流れに応じてダイナミックにとらえることができます。

　1）の例では EVENT は常に移っていきましたが、そのままとどまる場合もあります。

5）Lorsqu'il *est entré* dans le salon, Marie *regardait* la télévision.

彼が居間へ入ってきたとき、マリーはテレビを見ていた。

最初の il est entré の複合過去では

6）

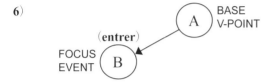

となりますが、次のマリーがテレビを見ているという行為は B のスペースの中で成立していると考えることができます。したがって EVENT の位置は変わらず、この同じ B に regarder という出来事が追加して記録されますが、これが半過去で導入されているので、V-POINT だけが移動して、

7）

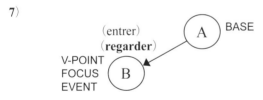

となるのです。もし、5）が Marie regardait la télévision lorsqu'il est entré dans le salon. の語順なら、最初の regardait の段階のスペース構成は 7）で、そこから V-POINT が BASE の位置に戻って 6）となるのです。

14課 文をまたいだ流れ

　13課ではひとつの文を取り上げ、動詞が活用されて出てくるたびにスペースが動いていく、という話をしましたが、この動きは文をまたがっても行なわれます。スペースによる時制論を最初に紹介したのは Michelle Cutrer ですが、彼女の師である Gilles Fauconnier が挙げる英語の例を見てみましょう。単文ではなく、一連の文からなる文章です。なお図式は私が本書で採用している方式によっています。

1）**Max is twenty-three. He has lived abroad. In 1990, he lived in Rome. In 1991 he would move to Venice. He would then have lived a year in Rome.**　　　　　　　　　　　　　　　　（Fauconnier, 1997）

最初の文の is ではすべてのスペースが BASE に集まったままです。

2）

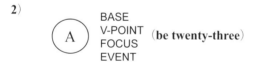

次に has lived の現在完了形によって、新たなスペース B が作られ、そこに EVENT だけが移ります。

3）

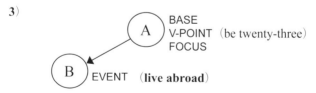

次の in 1990 はスペース導入詞で、新たなスペースがまた BASE から作られたと考えなくてはなりません。3）から最も簡単に過去形を作るには FOCUS だけを B に移せばよいのですが、live abroad は1990年に限定さ

れてはいないはずなので、B とは別に1990年に限定される C のスペース
を作ります。

4)

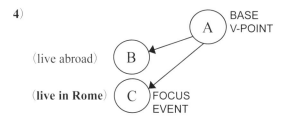

次の1991年スペースですが、これは he would となっていることからわか
るように、A の BASE から作られるのではなく、C に V-POINT がいった
ん移って、そこから未来方向を展望した形で述べられています。

5)

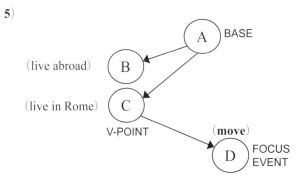

そして最後の would have lived a year in Rome にいたって、D からみた過
去方向にさらに新しいスペース E が作られ、そこに EVENT だけが移るの
です。この最後の形6)が示す A から E の関係は13課でみたフランス語の
条件法過去 il aurait lu と同じ価値を示していることがわかりますね。この
過去と未来と過去という最も複雑な形は英語でもフランス語でも、単独で
現れるのではなく、そこへ至るまでのスペース構成の影響を文をまたがろ
うとまたがるまいと受けているのです。

　ただし、スペース構成は時制の指示にしたがって文脈から組み立てて

いるのであって、自動的にできあがるわけではありません。

6）

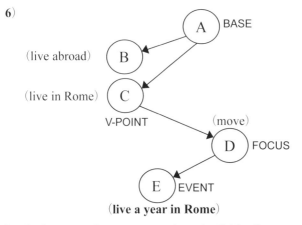

（live a year in Rome）

4）でも説明したように、C は B とは別の位置に作られています。C が作られたのは3番目の In 1990, he lived in Rome. のときです。過去形の指示はフランス語の単純過去や複合過去と同じですから BASE の位置から過去方向にあるスペースに FOCUS と EVENT を置きなさいということだけです。文脈ではすでに過去スペースとして B がありますから、もし live in Rome を B スペースの出来事として解釈できるなら、新しいスペースを作らずに B の位置に FOCUS だけを移してもよかったのです。

　実際、次の応答を考えてみましょう。

7）– *Have* **you** *met* **my brother?**

　兄に会ったことあるの？

– **I** *met* **him yesterday at 2 o'clock.**

　昨日2時にお会いしたわ。　　　　　　　　　　　　　　　　　（Cutrer, 1994）

最初の質問は現在完了形ですから、3）と同じです。しかし返事は過去形ですが、質問と同じ出来事を表しているので、4）のように別のスペース C を作る必要がありません。ですから、3）の形から FOCUS だけが移動して8）のようになったと考えるべきでしょう。

8)

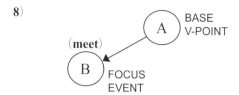

このようにスペースの構成には解釈もかかわってきます。1)の場合、Max
が外国に住んでいたというスペースは C よりかなり幅の広いスペースだ、
と解釈したため新たに C を立てたわけです。

9) **Le jour où il** *sortit* **de prison, Bouzigue** *loua* **une voiture et** *se rendit*
dans la forêt de Meudon [...]　　　　　　　　　（Confais in 大久保, 1997）

　　　刑務所から出た日、ブージッグは車を借りムードンの森に向かった。

4課でも挙げたこの例では、動詞が3つ単純過去におかれて出てきていま
す。単純過去は8)のような構成になるのでしたね。単純過去の動詞が出て
くるたびに8)のようなスペース構成を立ててくださいという指示ですか
ら、動詞ごとに新しいスペースを立てて、

10)

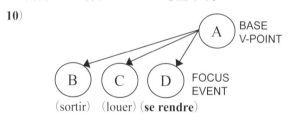

のように、B から C、C から D のように、次々と FOCUS および EVENT
が移っていくと解釈することもできます。また FOCUS と EVENT は変わ
らず、B のスペースのままで、3つの出来事が次々と書き込まれていった
と解釈することもできます。後者のほうが文脈上自然な流れなのですが、
10) のような解釈が間違いということはできません。時制ごとにスペース
の形は決まっていますが、既存のスペースや新しいスペースをどのように
その形にはめ込むかは、解釈の問題なのです。

時制的用法と叙法的用法

　この章では謎解きの道しるべとして、基本6時制の見取り図（8課）、時制の働きをいろいろな構成要素に分解して示すためのスペース構成（10課）、そのスペース構成を使った複合形の意味合い（11課）などについてご紹介してきました。特に本書全体を通じて用いる道しるべは、スペース構成です。そこで、スペース構成が単に時制の価値そのものを示すにとどまらず、その前の時制形を踏まえた流れを見るのに適していることも示しました。最後の道しるべは、そのようなスペース構成ではとらえきれない、時制のもうひとつの側面についてです。

　スペース構成の図は、あくまで時間的な関係を示すためのものでしかありません。しかし、時制は時間的な関係に付随して、必ずその内容について話し手がどれだけ確信をもっているか、という話し手の判断をも示すことになります。同じ「晴れる」という事態を表現するにしても、未来のことですと、il *fera* beau demain.（明日は晴れるだろう）と未来形にしますが、未来のことですから実際にそうなるかどうかは現実にはわかりません。つまり未来のことであるという時制的な意味は、内容の実現が必然的に不確定であり、推量という判断をしているという意味を併せ持つことになります。一方、昨日のことで、半過去を使って il *faisait* beau hier.（昨日は晴れた）と表現すると、すでに事実として確定していることですから、必然的に断定という意味を伴うのです。このような発話態度にかかわる意味は「**叙法的意味**」、もしくは単に「**法的意味**」と呼ばれます。狭義の「法（ムード）」は条件法や接続法のような形態に現れた叙法のことですが、法助動詞といわれる pouvoir や devoir などの表す意味も含めて、広く発話態度にかかわる関わることがらをも「法」ということがあります。文レベルで問題にするときには「モダリティー」、個々の動詞の意味

を問題にするときは「ムード」と呼んで区別することもありますが、本書では特に区別を設けず、発言する文の内容を話し手がどう判断しているかという発話態度に関わることがらを「**叙法**」と呼ぶことにします。

　さて、時制的意味には叙法的意味が付随して同時に現れるのが普通なのですが、ときに叙法的意味が時制的な意味を超えて現れる場合があります。たとえば未来形に伴う不確定な断定（推量）です。

1）Notre ami est absent: il *aura*（=il a probablement）encore sa migraine.「彼は欠席だ。また例の偏頭痛だろう」 （朝倉, 2002）

現に問題の彼は欠席しているのですから、偏頭痛になっているのは現在のことで時制的意味とは一致しません。あくまで、推量の意味を表現するために用いられた未来形です。このように時制的価値を逸脱して叙法的意味を表すために用いられた用法のみを本書では特に「**叙法的用法**」と呼ぶことにします。一般の文法書では、叙法的意味が感じられるものをすべてそう呼び、その叙法的用法を命令、条件、語調緩和などと細かく分類することも行われています。確かに Tu m'attendras.（待っててね）など2人称の単純未来形は軽い命令で、そのような叙法的意味が前面にでていますが、未来の世界にそうなることを描いているという時制的な意味も生きており、そこから叙法的意味も容易に理解することができるでしょう。したがって、これらはあくまでも時制的な用法で、叙法的意味を伴って用いられたものと分析したいと思うのです。あくまでも、時制は時制的意味が原義であり、その意味を逸脱している用法だけを特別に覚えればよい、というのが私の姿勢です。

　フランス語の未来形における叙法的用法が表す意味は「不確定」で、推量の意味となって現れるのが普通です。ただし、avoir と être の場合に限られます。それも最近では廃れ気味で、On sonne, ce *sera* Paul.（ベルが鳴った、多分ポールだ）のような表現は、現在の若者はほとんど使わないとも言われています。しかし、前未来の場合はそうではありません。

2） Paul est absent : il *aura manqué* le train.

ポールは欠席だ。列車に乗り遅れたのだろう。

のような用法は普通に見られます。être や avoir に限られるといった語彙の制限もありません。前未来は単純未来の複合形ですから、未来要素を含みます。これを時制的な用法から説明しようとすると、「未来のある時点になれば列車に乗り遅れていたということがわかるだろう」というような回りくどい説明が必要になります。しかし未来に叙法的用法としての「不確定」の意味を認めれば、2)の理解は容易です。過去未来形である条件法過去の場合も同様で、過去の事実を不確定として述べるという意味があり、特に報道などで断定を避けた言い回しに用いられます。

3）Ce *serait* samedi que le crime *aurait été commis*.（FRANCE, Orme,
280）「犯罪が犯されたのは土曜日らしい」 （朝倉, 2002）

これも叙法的用法と説明するのがわかりやすいと思います。

時制的用法と叙法的用法の違いが一番はっきりしているのは、半過去です。半過去は第4章で述べるように、実にたくさんの意味やニュアンスを表現できるのですが、時制的用法と叙法的用法がはっきりと区別されます。叙法的用法は典型的には条件文の si 節の中に現れる用法で、この用法の半過去には時間的意味は全くありません。

4）a. S'il *faisait* beau demain, j'irais me promener dans la forêt.
明日晴れてくれたら、森を散歩するんだけど。

b. S'il *fait* beau demain, j'irai me promener dans la forêt.
明日晴れれば、森を散歩します。

4)の2つの文を比べてください。違いは、動詞が現在形か半過去形かです。そして現在形と異なる意味の部分こそが、半過去の叙法的用法の意味に他なりません。どちらも明日のことを仮定しているのですから、時間的な意味は全く同じです。つまりこの半過去に時間的な意味は全く込められていません。違いは 4)a では自分は晴れないだろうと思っていますが、4)b では晴れるかもしれないと思っていることです。もし時間的に過去の意味を表したければ大過去にする必要があります。

5）S'il *avait fait* beau hier, je me serais promené dans la forêt.

　　もし昨日晴れていたら森を散歩していたんだけれど。

　大過去は半過去の複合形ですが、過去の意味は複合形の部分が担い、半過去の部分はやはり叙法的意味で、「自分はそうではないと思っている」という内容を表します。思っているといっても過去のことですからすでに確定済みで、そうではないことを知っており、現実とは異なった事態を想定していることになります。そこでこの大過去による仮定条件は「**反実の用法**」と呼ばれています。これに対して、4）a の半過去は単に蓋然性の低さを表しているにすぎないので、やや意味を異にしている印象を受けるのですが、どちらも話し手が対応する現実の世界に対して心の中で描いている事態と逆の事態を想定しているという点では全く同じです。未来の想定は現実ではないのであくまで「なさそう」という意味にしかなりませんが、過去の想定は対応する現実が実際に成立しているので反実になるというだけで、半過去の叙法的意味に違いがあるとは思えません。

　この半過去の叙法的意味は、時制的意味とどう関わっているのでしょうか。時制的用法で過去スペースに EVENT が置かれた半過去 Avant j'*étais* riche.（かって私は金持ちだった）と、叙法的用法で仮定スペースに EVENT が置かれた半過去 Si j'*étais* riche, ...（もしも私が金持ちだったら）を比べてみましょう。過去スペースも仮定スペースも、今の現実と対比的に置かれ、現在スペースから離れた場所にあります（遠方性）。また「金持ちである」という属性は過去スペースは現実の過去ですから、確実に成立していました。また仮定スペースの中でも、そのように仮定しているの世界なのですから、確実に成立しています（確定性）。このように過去スペースと仮定スペースは遠方性と確定性という 2 つの点で非常に似た性質をもっています。そのため過去スペースにあることを示す過去時制を仮定スペースの中にあることを示すためにも使われるようになったのでしょう。英語でも仮定スペースを導入する if 節に用いられるのは過去形です。

忘れ得ぬせりふ

　「前置詞の目的語となる人称代名詞は自立形（強勢形）になります」という説明のときに、私が持ち出す例文は Avec toi, oui.（あなたとならいいわ）です。3 語だけで、述語も欠いた単純きわまりない文なのですが、これは私にとっては忘れられない最高のフランス語なのです。p.36 のコラムでお話しした『うたかたの恋』の中のクライマックスとも言えるシーンの台詞です。実際にあったオーストリア皇太子の心中事件をもとにに仕立てた映画で、原題は事件がおきた「*Mayerling*（マイアリング）」。このタイトルを聞くだけで、当時のフランス人には何の話だかすぐわかります。しかし日本人にはただの都市名ですから、『うたかたの恋』という邦題がつけられています。1936 年（昭和 11 年）の映画ですが、皇太子の心中ということで戦前の日本では上映禁止になっていて、公開されたのは戦後の 1946 年（昭和 21 年）のようです。実際にあった出来事は必ずしも激しい悲恋物語というわけでもなさそうなのですが、映画ですからどこまでも美しく描いています。

　さて、問題の台詞ですが、ルドルフ皇太子が、父親のヨゼフ皇帝から恋人のヴェッツエラ男爵令嬢マリーと別れるように命じられ、最後の晩餐会の場面、「僕が遠いところにいったらどうする？」「どこまでもついて行くわ」といううたわいのないやりとりののち、「二度と戻れないところでも？」と意味深長な発言をします。要するに一緒に死のうという誘いです。これに対し、真剣な顔になったマリーがじっと皇太子を見つめ、« Avec toi, oui. » となるのです。演じているのは 18 歳のダニエル・ダリュー。これが美しいこと美しいこと、あんな眼でこれだけの美人からこのせりふを吐かれたら普通の男性はイチコロです。私もうっとりとなりました。現実に私が言われるとすれば、単なる映画の誘いとしても « Je t'accompagnerais volontiers. » ぐらいです。喜んで付いてきてくれるならいいじゃないか、と思われるかもしれませんが、これ条件法なんです。30 課をご覧ください。

第 3 章
さまざまな時制の謎をとく

いよいよ第2章で紹介した装置を使って具体的な時制の謎解きに入っていきます。この章で扱うのは、半過去と条件法以外の直説法のあらゆる時制です。現在形、複合過去形、単純過去形、前過去形、大過去形、未来形、前未来形——挙げてみるとたくさんありますね。さらに複複合形と呼ばれる特別な形にもふれておきます。大過去は前過去との対比で少し扱いますが、半過去はさまざまな問題を含んでいるので別に改めて章をたてることにします。第1章でたてた謎がどのように解かれていくのかご覧ください。謎解きといっても結局のところ、「それぞれの時制は何を表しているのか」ということをわかりやすく理解する手段、ということに他なりません。それぞれの時制が、似たような時制とどう違うのかに注目してください。

さまざまな過去形

　それでは、道しるべを手がかりに具体的な謎解きに入っていきましょう。まず代表的な過去形をスペース構成を使って書き分けてみましょう。まず、フランス語の複合過去、半過去、単純過去、そして英語の過去と現在完了を扱います。本書では英語・フランス語の過去と日本語のタ形との区別もしたいのですが、日本語のスペース構成は大きく異なりますので、改めて第5章で述べることにし、まず混同しがちな英語・フランス語の時制の違いについてはっきりさせておきたいと思います。

11課、12課でご紹介したように複合過去のスペース構成は、

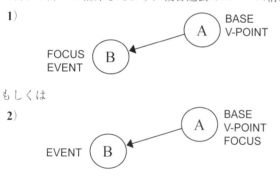

もしくは

でしたね。FOCUS の位置は文脈によって A になったり B になったりしますが、それ以外のスペースの位置は変わりません。〈助動詞 + 過去分詞〉という構造は英語の現在完了形と同じですが、英語の現在完了形は2)だけで、1)は過去形によって表されます。フランス語の場合、2)の BASE が未来方向にまで膨らむことがあり、複合過去であっても膨らんだ現在の完了として、J'*ai* bientôt *fini*.（もうじき終わるよ）のように、話している時点から直後の完了動作を表すこともあります。

　一方、半過去のスペース構成は

3)

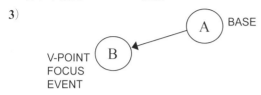

です。ポイントは V-POINT の位置ですね。複合過去は現在から振り返って過去を見つめる時制、半過去は過去の世界に身を置いてそこで周りを見つめて描く時制という違いがあります。2課で問題にした複合過去と半過去の違いの謎は、このスペース構成の違いを手がかりにして24課でくわしく扱いますが、まずはそれ以外の時制がどうなっているかを確認しておきましょう。

　単純過去は基本的には 1) と一緒で、原則としてすべて複合過去に置き換えることができます。ただ、違いもあります。はっきりとした違いは、単純過去が表しているのは 1) のみであって、決して 2) を表すことはないということです。したがって、あらゆる単純過去は複合過去に置き換えられますが、すべての複合過去を単純過去に置き換えることはできません。完了を表す 2) の構造をもつ複合過去は文語になってもやはり複合過去のままで、単純過去にはなりません。

　では 1) の形の複合過去と単純過去は全く同じなのでしょうか。必ずしもそうとは言えません。実際に使われた用例を見てみましょう。4課で謎を問いかけた、ジッドの『狭き門』の冒頭の部分です。複合過去と単純過去の両方が使われています。

4) **D'autres en auraient pu faire un livre ; mais l'histoire que je raconte ici, j'*ai mis* toute ma force à la vivre et ma vertu s'y *est usée*. J'écrirai donc très simplement mes souvenirs, et s'ils sont en lambeaux par endroits, je n'aurai recours à aucune invention pour les rapiécer ou les joindre ; l'effort que j'apporterais à leur apprêt**

73

gênerait le dernier plaisir que j'espère trouver à les dire.

　　Je n'avais pas douze ans lorsque je _perdis_ mon père. Ma mère, que plus rien ne retenait au Havre, où mon père avait été médecin, _décida_ de venir habiter Paris, estimant que j'y finirais mieux mes études.

(André Gide, La Porte Étroite)

ほかの人たちだったら、これで一冊の本ができただろう。だが、これからお話しするのは、わたしが全力をつくして生き、精魂尽きる思いをした実話である。だからわたしは思い出すことをそのまま書き連ねていこうと思う。そして、ところどころ穴があったとしても、つくろったりつなげたりするために作り事を加えるようなことはけっしてするまい。なぜかといえば、思い出をととのえるためのそうした努力は、私がそれを物語ることによって味わおうと思っている最後の楽しみを妨げることになるだろうから。

わたしは、まだ十二歳にもなっていないときに父を亡くした。母は、父が医者をしていたル・アーヴルにもうとどまっている必要もなくなったことなので、わたしが学業をおさめるのに都合がよかろうと思って、パリに移ってくることにした。

最初の段落では複合過去、2番目の段落では単純過去になっています。最初の段落では現在形も顔を出し、まさに書いている書き手の現在が見えるようです。それに対し2番目の段落では完全な物語世界に入ってしまって、最初の段落とは別世界ですね。図式でははっきりと示せませんが、単純過去の図式は1)ではあっても BASE の役割が希薄化し、いわば棚上げされている形であるということができます。単純過去を基調とした語りの文脈では BASE に FOCUS がおかれる現在形が使われることは原則としてありません。4)でも単純過去の世界に入ってからは現在形は顔を出さなくなります。大過去と前過去については次の17課で扱います。

　では、英語の過去形とはどう異なるのでしょうか。11課でご紹介したように、英語では 1) と 2) がはっきりと区別され、1) は過去形、2) は現在完了形です。ということは、フランス語の単純過去形と英語の過去形が同じもののように思えますが、フランス語は 1) と 3) を区別するのに対し、英語はその区別がありません。英語の過去形は、フランス語の単純過

去と半過去の働きを併せ持っているのです。フランス語の単純過去はその意味で少し特殊です。英語でもフランス語でも、過去の文の中に now や maintenant が登場することがあります。過去のその時点に視点を移して情景を述べるときには、そうなるわけです。フランス語ではそのとき用いられる過去形は半過去に限られ、文学作品の特殊な文体の中で出てきたものを除けば、原則として maintenant と単純過去は一緒に使われることはありません。

　英語の現在完了形は 2) のみで、この形を持つのはフランス語では複合過去だけですから、現在完了形はすべて複合過去形に置き換えられそうに思えますが、現在完了形の継続用法はフランス語では現在形になります。

　I *have lived* in Paris for 5 years.（私はパリに 5 年住んでいます）はフランス語では J'*habite* à Paris depuis 5 ans. です。仏英例文対訳サイト（http://www.linguee.fr）に次のような例があがっていました。

5）a. "〔...〕Je *suis* malade depuis un certain temps, je n'*ai* donc pas *pu* économiser beaucoup d'argent," déclare Mpofu.

しばらく前から健康を害しているので、お金を貯められなかったんだと、ムポッフは言った。

b. "〔...〕I *haven't been* feeling well for quite some time so I *haven't been able* to save much money," Mpofu said.

これはフランス語が原文で、英語がその翻訳例ですが、同じ haven't been でも最初の継続の用法では現在形に、そしてあとの完了の用法では複合過去形に対応しています。5）の例からは、フランス語では現在形を表す内容が英語より広いということもわかります。ただし、現在形のスペース構成そのものはフランス語と英語で違いはありません。

17課 大過去と前過去

大過去は半過去の複合形、前過去は単純過去の複合形ですから、大過去は過去のある時期よりさらに前の「状態」を表し、前過去は過去のある時期よりさらに前の「動作」を表す、となりそうなのですが、そうではありません。大過去は過去の時点からみて、それより前の動作も結果状態も表します。動作を表す点では大過去も前過去も同じです。ではどう違うのでしょうか。まず、実際の大過去と前過去の用例を見てみましょう。4課で問いかけた謎です。

1) **Le jour où il sortit de prison, Bouzigue loua une voiture et se rendit dans la forêt de Meudon, où il *avait enterré* la valise contenant le butin du hold-up de la rue Fontaine. Arrivé dans la forêt, il s'arrêta près d'un gros arbre et se mit à creuser. Dès qu'il *eut récupéré* la valise, il se dépêcha de rentrer .** （Confais, in 大久保, 1997）

> 刑務所から出た日、ブージッグは車を借りムードンの森に向かった。そこに、フォンテーヌ通りの強盗で巻き上げた戦利品の入ったスーツケースを埋めておいたのだ。森に到着すると１本の木の近くに車を止め、掘り出した。スーツケースを取り出すと、急いで戻った。

最初の il avait enterré は大過去です。ここを前過去の il eut enterré に置き換えることはできません。一方、最後のほうにでてくる il eut récupéré は前過去です。ここは大過去にも置き換えが可能ですが、前過去のほうが好ましいようです。

それでは大過去と前過去の違いをはっきりさせるために、それぞれがどのようなスペース構成になるのか確認してみましょう。大過去は半過去に〈avoir＋過去分詞〉という構成が加わったものです。

2)

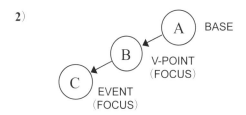

となるのでしたね。注意してほしいのは、V-POINT が過去スペースの B
にあることと、FOCUS が文脈によって B または C にあるということで
す。

　これに対し、前過去は単純過去に〈avoir + 過去分詞〉の形が加わった
ものです。

3)

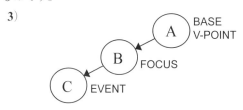

大過去との違いは、V-POINT が B ではなく A にあるということと、
FOCUS は B の位置に固定されていて C にあることはない、ということ
です。V-POINT の位置の違いという点では単純過去と半過去の違いと同
じです。半過去が動作をその内部から見つめることによって進行中の状態
として描くことができることから反復・習慣を表し得ますが、そのような
半過去と同時に用いられれば、大過去にも反復・習慣の意味が出てきます。

**4) Dès que sa mère *était revenue* des vêpres, il lui consacrait la fin de
la journée.**（MAURIAC, *Galigaï*）「母親が晩課を済ませて帰ってくると，彼はゆ
うべの時間を彼女のために当てるのが常だった」　　　　　　　（朝倉, 2002）
前過去はあくまでも動作の完了しか表しませんから大過去 était revenue
を fut revenue と前過去にすると、1 回限りの行為を表すことになります。

あくまでも BASE から完了済みの動作を描くので、状態ととらえるのが難しいわけです。その場合、主節も単純過去になるのが普通ですが、あとで述べる「語りの半過去」が用いられることもないわけではありません。

FOCUS が B に固定されているということは、それ以前ということよりも完了性（結果状態ではなく動作の成立）が強調されるので、1) の例文の最終節にある dès que や aussitôt que のように「～するとすぐ」を意味する接続詞と親和性が強くなります。1) の例文は sortir de prison, louer une voiture, se rendre dans la forêt という一連の動きが単純過去でスペース B を FOCUS として書き込まれていったのち、「実は出所する前に森に埋めていた」というように、B から見て C のスペースの出来事を記述しているわけです。このとき一時的に FOCUS は B から C に移ったと言えるでしょう。B に V-POINT をおいて C の出来事を述べるわけですから 2) の大過去でしか表現できません。話はその後また FOCUS が B に移って一連の動き、s'arrêter, se mettre à creuser と続いて次に前過去 il eut récupéré la valise が現れますが、これは掘ったあとの動作として B スペース内で、すでに完了し終わった状態を描き、すぐにその次の動作に移ったというあくまで完了性を強調するためにこの形になっているにすぎないのです。逆の言い方をすれば、単純過去で書いていってもよいところをわざわざ前過去にすることによって、その動作が完結し、次の段階に移ったことを強調したということもできます。前過去はこのように特に時間的推移における完了性の強調に使われるので、quand や lorsque や dès que など時間を表す副詞節の中だけで使われ、関係節の中では用いられません。仮に買ってすぐ本を読んだ場合でも、×il lut le livre qu'il *eut acheté* とは言えないようです。このように 2) と 3) で示されるスペース構成の違いをふまえれば、前過去がなぜ大過去より使われにくいのか、そして使われるとすればどのようなときか、ということがおわかりいただけるのではないでしょうか。

ここで複数の文にまたがるスペース構成について補足しておきます。

単純過去のスペース構成は 12 課でご紹介した通り 5)であることは問題ないですね。

5)

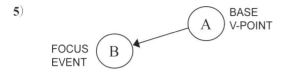

この構成は単純過去が使用されるたびに作られていきます。1) における s'arrêta、se mit à creuser、次の前過去の eut récupéré、さらに単純過去の se dépêcha までをより細かく表記すれば、

6)

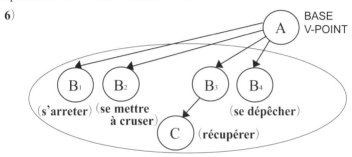

のように使われるたびに過去スペースに FOCUS や EVENT が作られていきます。実際 eut récupéré の EVENT である C は B3(récupérer が終わったスペース)よりは前ですが、B2(se mettre à creuser が登録されるスペース)よりはあとです。しかしこの一連の出来事の FOCUS である B1, B2, B3, B4をすべて同じ B スペースであると解釈し直して、同じスペース内に出来事が次々と書き込まれるというように理解するのです。そうなると、その部分スペースである B3 と C はほとんど一体で、B3スペースに récupérer が登録されているのと変わらなくなります。つまり単純過去と前過去はかなりのケースで置き換えが可能で、単純過去が動作の初めから終わりまでの全体を描いているのに対し、前過去が動作の完了を特に強調して描いているという違いだけになってしまうのです。

79

複複合形について

12課の時制一覧でご紹介した単純過去と前過去の図を再掲します。

1）a. 単純過去　　　　　　　　b. 前過去

il chanta　　　　　　　　　**il eut chanté**

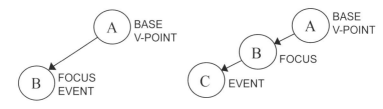

単純過去のスペース構成は複合過去と同じで、口語では単純過去の代わり
に複合過去が用いられます。単純過去の複合形が前過去ですが、口語では
用いられず、大過去で代用されます。しかし、大過去と前過去には17課で
述べたような違いもあり、V-POINT をあくまでも A においたままで動作
の完了を強調したいという気持ちがでてきても不思議ではありません。そ
のため通常の文法書にはない破格の表現として複複合過去形が用いられ
ることがあります。1)a の形を口語で表すのは複合過去ですから、複合形
なのにさらに〈avoir + 過去分詞〉を付け加えて il a eu chanté という複複
合過去形にするわけです。機能は前過去と同じです。複複合過去形は意外
に使われていて、ビゼーのオペラ『カルメン』の台詞に用例があります。

 2）**Quand j'*ai eu dansé*, ton lieutenant s'est permis de me dire qu'il
 m'adorait...**

　　　私が踊り終わるなり、あなたの中尉さんは私に首っ丈ですって、あえておっしゃったのよ。

j'ai eu が avoir の複合過去、それがさらに過去分詞 dansé と結びついてい
ます。成り立ちを順においていけば、最初の j'ai eu が1)a と同じ構成にな

り、さらに eu dansé の形で結局前過去と同じ1)b のスペース構成になることがわかりますね。意味も前過去と同じで、完了の強調です。2)はカルメンがドン・ホセに、自分は彼の上司にも言い寄られたと嫉妬心をかき立てようとして話した台詞です。「私が踊れば、たちまちにして男は私に言い寄るのよ」というわけですから j'ai eu dansé の完了の意味が効いていますね。FOCUS スペースの前に起こったこととして踊ったことを述べるのではなく、踊り終わったらすぐに、次の出来事が生じたことを強調したいのです。

　このように複合形を2回重ねるという破格の手段は他の時制でも用いられることがあるようです。原理上あってもおかしくないのは複大過去（plus-que-parfait surcomposé）と呼ばれる大過去の複複合形です。大過去は、

3)

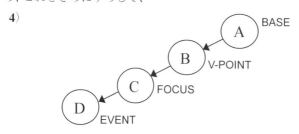

の形をとることができ、C において FOCUS と EVENT が重なりますから、これをさらにずらして、

4)

という意味を表そうというわけです。実際に用いられた用例が『新フランス文法事典』に載っています。

　5) **Quand Nino *avait eu fixé* le rendez-vous avec Mauro, elle était**

partie de Vespri.〔CASTILLOU, *Etna*, 195〕「N が M と会う約束を取りつけてしまうと、彼女は V から出発したのだった」
（朝倉, 2002）

これは大過去より、さらにその前ということですね。

　複合過去と大過去以外は、原理上、複複合形はあり得ません。11 課でお話ししたように複合形とはそもそも EVENT と FOCUS が同じ位置にある単純形を、

6）

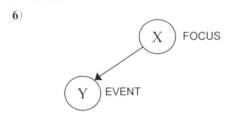

のようにずらして表現するための形でした。複合過去と大過去以外の複合形は実際こうなっているので、これ以上分割しようがないわけです。

　ただ、『新フランス文法事典』の temps surcomposé（複複合時制）の説明には以下の形が挙げられています。

　7）**passé surcomposé**（**j'ai eu aimé**）

　8）**plus-que-parfait surcomposé**（**j'avais eu aimé**）

　9）**passé antérieur surcomposé**（**j'eus eu aimé**）

10）**futur antérieur surcomposé**（**j'aurai eu chanté**）

11）**passé surcomposé du conditionnel**（**j'aurais eu aimé**）

12）**passé surcomposé du subjonctif**（**j'aie eu aimé**）

13）**plus-que-parfait surcomposé du subjonctif**（**j'eusse eu aimé**）

14）**passé surcomposé de l'infinitif**（**avoir eu aimé**）

15）　**passé surcomposé du participe**（**ayant eu aimé**）

（朝倉, 2002 / 例文番号を変更）

このうち、主なものとして挙げているのは 7）、8）、10）で、実際の用例が記されているのは 7）と 8）です。10）は文法書から引いた用例が 2 例だけ紹介

されています。未来の行為の完了を強調と説明される

16）**J'*aurai eu mangé* avant qu'il vienne.**「彼が来るまでに食べ終わっている
　だろう」

と、行為の急速な完了と説明される

17）**J'*aurai eu mangé* en moins d'un quart d'heure.**「15分たらずで食べ終え
　てしまうだろう」　　　　　　　　　　　　　　　　　　　　（朝倉, 2002）

です。しかしこの2つは j'aurai mangé と前未来に代えても全く意味も機
能も変わりません。スペース構成も、

18）

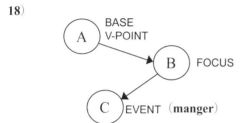

の前未来の形と全く一緒です。そもそも V-POINT は未来では BASE の位
置から移動しませんから、C のスペースよりさらに前のスペースを問題
にすることはできません。つまりこの複複合形は心理的な完了の強調で、
〈avoir + 過去分詞〉を2つ重ねたところでスペース構成には反映されず、
文法的機能は全く果たしていないことになります。したがって複複合形に
関してあり得る可能性は7), 8) だけだと考えて良いでしょう。また7) も 8)
も、フランス語の規範的な文法の体系中には組み込まれていませんから、
私たちは出てきたときに理解できれば十分で、自分で使うことは控えま
しょう。

　ただ、完了の強調という機能は動作が終わる側面を強調しているだけ
ですから、実際は単純形と差がなくなることには注意してください。dès
qu'il *sera arrivé* も dès qu'il *arrivera* も実際は同じことなのです。

19課 大過去のさまざまな用法

　大過去のスペース構成はあくまで下記の2種類です。

1)

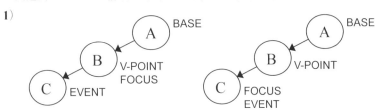

この構成は時制的用法である限り変わりません。しかし一見、この図式にあてはまらないような大過去もあります。4課の3)で挙げた例ですが、東郷雄二著『中級フランス語 あらわす文法』で取り上げられた大過去です。

2) [皿洗いの最中に皿を割ってしまった人に]

　Je t'*avais dit* de faire attention.

　気をつけるようにと言ったじゃないか。　　　　　　　　　　　（東郷, 2011）

Je t'*avais dit* はいきなり出てきた大過去ですから、1)の B に相当するスペースがありません。気をつけるようにと言ったのは過去のことですからJe t'ai dit と複合過去で表現してもよさそうに思えます。実際、複合過去でも表現できますが、「ちゃんと言っておいたのに」という相手を非難するニュアンスは消えてしまいます。ということはそのニュアンスを出すために用いられた叙法的用法ということになるのでしょうか。結論から申しますと、私としてはこれもれっきとした時制的用法で、1)の図式にあてはまる、と考えています。2)と比較する形で同書に挙げられているのは、

3) **Quand les gendarmes sont arrivés, les braqueurs s'*étaient enfuis*.**

　警官が到着した時には、強盗はすでに逃げ去っていた。　　　　（東郷, 2011）

です。3)の場合は1)の図式にもぴったりと当てはまります。最初の

quand 節の複合過去により、EVENT と FOCUS が B に移ります。そして主文の大過去により V-POINT が B に移り、EVENT が C に移るという構成です。意味も警官が到着した場面 B よりも前の C のスペースで強盗の逃げ去りがあり、その逃げられた後の状態にある B が FOCUS になっているのです。2) の大過去がやっかいなのは、この B のスペースを導入するための節や文がどこにもなく、いきなり使われた大過去だからです。

　とはいえ、本当にないのでしょうか。2) はしかし、話しかけている相手が皿を割ってしまったという厳然たる事実がこの発話の前提として存在しています。2) を言った人はもちろん、言われた人もその事実を踏まえた発言であることがわかっています。つまり FOCUS は言葉では述べられていませんが、皿を割ったという出来事が成立した B スペースにあって、その B スペースより以前の C スペースですでに「Fais attention！と言ってあった」ということが言いたいわけです。今いる A からみた単なる過去ではなく、問題となる B から見た過去だからこそ「ちゃんと言っておいたのに」というニュアンスが生まれるわけです。この非難の意味は確かに叙法的な意味ではありますが、大過去が本質的に担っている叙法的意味ではなく、あくまで V-POINT、FOCUS よりも EVENT が前という時間的意味がもとになって文脈上生じた意味にすぎないのです。これに類したことは、3) でも「すでに逃げてしまったあとで残念」というニュアンスが生じています。2) は言われた相手に直接関係するニュアンスなので特に印象強く感じられるだけではないでしょうか。

　この種の例に挙げられるものは、だいたい文脈から言外の B スペースの存在を想像することができるものばかりです。

4）C'est vrai, je n'y _avais_ pas _pensé._（Maupassant, _En famille_）「そうだ，忘れていた」（今思い出した）　　　　　　　　　　　　　　　（朝倉, 2002）

「思い出した」その瞬間が B ですね。その瞬間は明示されていませんが、現在は思い出していない状態から思い出した状態に移行していて、その移行地点は過去の B スペースとなり、4) の大過去はそのさらに前の状態の描写

となります。この B があることは文脈上明らかだと思います。

5) Je vous demande pardon, dit-il, je ne vous *avais pas vue*.〔SAGAN, *Brahms*〕「失礼しました、と彼は言った。あなたが見えなかったもので」

（朝倉 , 2002）

これも、挨拶をすべきときにしなかったというような謝罪の対象になる行為がこの発話の前にあったのですね。当然、挨拶をすべきであったときが B で、そのとき以前からその瞬間まで見えていなかったということでしょう。

　大過去が段落や物語の冒頭に現れることもあります。

6） Tous *s'étaient agenouillés* dans les ténèbres de la chapelle. Les trois frères Baillard remercièrent à haute voix la Vierge de la profusion des grâces qu'ils avaient trouvées à Tilly.

（Barrès, *La colline inspirée* in Imbs, 1960）

皆礼拝堂の暗闇の中で跪いていた。バイヤールの３兄弟は大きな声で聖母像に彼らがチリーで受けた数々の恩寵に対する感謝を述べた。

FOCUS にあたる B は、まさにこの彼らがマリア像に感謝を捧げる場面で、跪いていたのはその場面の前提であることを示しています。この例でも 1) の図式は全く壊れていません。

　しかし次の例はどうでしょう。4 課で問いかけた謎です。

7） La jeune femme regardait toujours Mondo. Elle avait de grands yeux calmes et doux, un peu humides. Elle *avait ouvert* son sac à main et elle *avait donné* à Mondo un bonbon enveloppé dans un papier transparent.

若い女性は相変わらずモンドを見ていた。女性の眼は大きく穏やかで優しそうで少し潤んでいた。女性はハンドバッグを開けるとモンドに透明な紙に包まれた飴をくれた。

（Le Clézio, *Mondo* in 春木 , 2014）

この小説は半過去を基調とする文体で書かれた特殊な作品ですが、文学作品だからといって文法法則を無視した時制の使い方ができるわけではありません。ただ、7)はこれまでの例と違って、明確な過去スペースの FOCUS

とそれ以前の EVENT という図式に収まらないように思えます。実際、7）の場面は過去の単一スペースの中にすべての出来事が収まると解釈することができるでしょう。これは女性と一緒にモンドがエレベーターに乗っている場面です。この場面が FOCUS となるのは明らかで、7）の場面を標準的なフランス語の書き方で描写すると、2つの大過去 avait ouvert と avait donné は ouvrit と donna のように単純過去で表現されることになるでしょう。どうしてそのような時間を1）の構成が表せるのでしょうか。

　これは 17 課でも述べた完了性を強調するための複合形の働きによります。単純形と複合形の違いは、

8）**a. 単純形**　　　　　　　　　**b. 複合形**

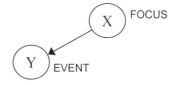

でしたね。複合形が X における Y の結果状態ではなく、完了性の強調で単に行為の終わりを強調するために用いられると、単純形の形と価値はほとんど変わらず、X において出来事の終了時点に焦点を当てて述べただけということになります。これは動作を表すことが基本の前過去の場合の代表的な解釈で、17課の1）における il eut récupéré などはその典型例であると言えます。7）はこれと同じ現象が大過去に生じたと考えられます。この小説は3課でご紹介した「語りの半過去」と呼ばれる単純過去の価値を持つ半過去を基調にして書かれています。7）の半過去はしかし、本来の継続状態を表す半過去です。この半過去に対して完結する動作を表現するために、その複合形である大過去が用いられたのです。スペース構成はあくまで1）で、B のエレベーターの場面で完結した動作を表しているわけです。「語りの半過去」については、26課でくわしくご説明します。

近接未来と単純未来

19課の8)で示した完了の複合形と、ちょうど逆のような関係を表すも
うひとつの複合形がフランス語にはあります。〈aller + 不定法〉によって
表現される形で、スペース構成は以下のようになります。

1)

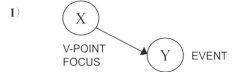

完了は EVENT が FOCUS より前（過去）にあるのに対し、これは FOCUS
より後（未来）にあります。ただし、完了の複合形があらゆる単純形に適用
できるのに対し、この複合形は Il *va arriver*. （彼はもうじき来る）のような
近接未来と呼ばれている 2)a の形と、Il *allait arriver*. （彼はもうじき来る
ところだった）のような 2)b の形しかありません。

2) a   b

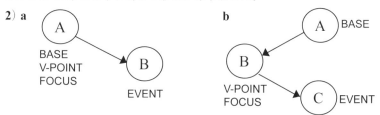

2)a は A が X で B が Y、2)b は B が X で C が Y ですが、どちらも 1) の形
を含んでいることがわかります。しかしこの 2 つだけで、〈aller + 不定法〉
の形が単純過去や未来形に置かれることはありません。5 課の 4) で取り上
げた問題です。再掲しますと、

3) a. Marie *va avoir* un enfant.   マリーはもうじき子供を産む。

     b. Marie *allait avoir* un enfant.   マリーはもうじき子供を産もうとしていた。

 c. [×]**Elle alla avoir un enfant.** 単純過去

 d. [×]**Elle ira avoir un enfant.** 未来

となります。

 それでは、5課で取り上げた未来形をめぐる謎を、スペース構成を手がかりに解いてみましょう。まず3)のように現在形と半過去の形しかない理由ですが、完了を表す複合形と違って1)は EVENT と FOCUS だけではなく V-POINT も関係していることが最大の理由です。12課でも指摘したように、V-POINT には次の性質があります。

 4) V-POINT は BASE の位置にとどまるか、半過去で示される過去の位置に
  しか移動できない。

これで3)が説明できます。3)a、3)b はそれぞれ2)a、2)b に相当します。単純過去も未来もスペース構成では V-POINT はあくまで BASE にあります。それなのに3)c では FOCUS を過去に、3)d では FOCUS を未来に置こうとしています。1)は V-POINT と FOCUS が同じ位置 X に置かれることを要求していますから、3)c や3)d の形はできないわけです。

 さて、改めて単純未来と近接未来を比較してみましょう。単純未来は12課で紹介したように、

 5)

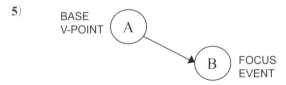

でした。近接未来2)a と比べると FOCUS の位置が異なっています。5課の冒頭で挙げた次の6)の例はこれで説明できます。

 6) **Inutile de pousser, je ne** *descendrai* **que quand le train sera**
  complètement arrêté.   （Franckel, 1984）

   押しても無駄ですよ。電車が完全に止まるまでは降りませんから。

この話し手は、「今ではなく、電車が止まったときに初めて降りる」と言っ

ているのです。つまり、あとの quand 節によって未来に設定されるスペースこそが、descendre（降りる）というイベントが書き込まれるべきスペースであり、そこを FOCUS として述べる意図をもった発言です。BASE から断絶した未来のスペースを FOCUS とするわけですから、2)a ではなく5)の構成で表現しなくてはならないのです。

　単純未来と近接未来の差は、FOCUS が未来にあるか、現在にあるかの違いです。感覚的に言いますと、出来事そのものを述べたいのか、出来事を控えた今の状態を述べたいのかの違いということになります。Elle *va avoir* un enfant. という近接未来が表しているのは「未来に子供を産む」ということですが、伝えたいことの中心は「今現在、彼女が妊娠している」という現在の状態のほうにあるのです。

7) Attention ! Tu *va te faire écraser*.

　　気をつけて！轢かれちゃうよ。

これも、注意してもらいたいのが今の状態なので、近接未来になっています。

　2)a の形が示すように、近接未来では FOCUS はあくまでも出来事が成立する前の状態にありますから、quand 節の中に用いて時間を確定することもできません。5 課の 9)をもう一度取り上げます。

8) Je te prie de me prévenir quand tu *verras* l'eau bouillir.

　　お湯が沸くのに気がついたら教えてください。

お湯が沸くのに気がつくからこそ知らせるのであって、気がつく前の気がつきそうなときに知らせることなどできないわけです。

　英語の未来形は助動詞を用います。フランス語のような未来の形ではなく、2)の現在形が will の使用によって推量や意志をこめて表現されたものにすぎない、と考えることで、その違いが説明できるのではないでしょうか。5 課の 6)をもう一度見てみましょう。

9) a. 眠そうですね。コーヒーを入れて<u>あげましょう</u>。

b. Tu as l'air d'avoir sommeil. Je *vais préparer* du café.

c. You look sleepy. I'*ll make* some coffee.

　日本語の「入れてあげましょう」もそうですが、ここは話し手の現在の意志を表すのが主眼で、フランス語では、入れる前の今の状態を FOCUS とする近接未来がふさわしく、単純未来は用いません。この場合の英語の will も、未来というよりは意志を表していると分析する方が妥当でしょう。英語では BASE が FOCUS になっていて、BASE における話し手の意志を問題にしているのだと解釈できます。フランス語では意志は現在形でも表現します。5 課の 7)がそうですね。英語の翻訳者は意志を強調して will を挿入したのだと思われます。

10) a.　**– Et cette tasse de thé, monsieur Lecanu ?**

　　　– Maintenant, je *veux* bien, Madame, avec plaisir.

　　　「ルカニューさん、さっきの紅茶いかがですか」「今なら喜んでいただきましょう」

　　　　　　　　　　　　　　　　　　　　　　　　　（Maupassant, *Pierre et Jean*）

　 b.　**"And now for that cup of tea, Monsieur Lecanu?"**

　　　"Now I *will accept* it with pleasure, madame."

英語で when や as soon as などの時間を定める節の中では未来形が用いられないのは、「推量」や「意志」をあらわす英語の未来形がはっきりとした時間を確定する機能を持てないからではないでしょうか。「〜するとき」で時間を指定するのですから、そこに推量が入ってはいけないわけです。フランス語では未来を表すことが本義なので問題ありません。5 課の 8)はこの規則が単純適応された結果でしょう。

11) a. **Je lui dirai que son père va plus mal quand elle me *sonnera*.**

　　　　　　　　　　　　　　　　　　　　　　　　　（Balzac, *Le Père Goriot*）

　　　奥様が私を呼び鈴で呼びましたら、お父様の様態が悪くなっているとお伝えしておきます。

　 b. **As soon as she *rings*, I will go and tell her that her father was worse.**

21課 単純未来と前未来

　未来について述べる場合、その出来事は未だ成立していないので、そうであると断定することはできず、未来であるというその性質によって推量や意志のニュアンスを帯びることになります。つまり、時制的な意味と叙法的な意味が常に混じり合っているということです。英語は叙法的な意味が基本で、そこから時制的な意味に発展してきたと思いますが、フランス語は逆に、時制的な意味が基本で、叙法的意味がそこから発展してきたと考えることができます。さらに、日本語は未来形という時制をもたず、「～だろう」という推量の助動詞を英語・フランス語の未来形の翻訳で用いることがある、という違いがあります。

　フランス語の場合、未来を表すという時制的な意味が基本ですから、叙法的な意味は希薄であるか、あまり感じられないこともあります。未来のことは現在形でも述べることができますが、現在形で述べる場合は、はっきりとそうなることが定まっている予定などの場合に限られるため、断定という叙法的ニュアンスがかなり強く感じられるのです。未来のことは未来形で述べるのが基本なので、あくまでも現在形と対比したうえでの推量であって、それほど強いものではありません。フランス語でも英語でも「私は来年 20 歳になります」は未来形で、

1) a. J'*aurai* 20 ans l'année prochaine.

　　 b. I *will be* 20 years old next year.

でしょう。しかしこれはほとんど確定的な事実なので、推量というニュアンスは感じられません。それに対して、日本語で「20歳になるでしょう」はかなり不自然ですよね。他に、はっきりした予定でも、

2) L'accueil *se fera* à partir de 13h15. Le cours *commencera* à 14h.

　　 受付は 13 時 15 分からで、講習は 14 時からです。

というように、未来形が用いられます。さらに、フランス語はしばしば歴史的記述を現在形で行うことがあり、ある出来事を述べたのち、その後の展開を未来形で表現することもあります。

3）En moins de deux jours, Kennedy refusant tout appui aérien, le gouvernement castriste tue ou fait prisonnier les exilés et Kennedy doit négocier leur libération. Elle *sera obtenue* après 20 mois au prix de 53 millions USD en nourriture et médicaments.

> ２日もしない間に、ケネディーは空軍の介入を拒絶していたため、カストロ（キューバ）政府により亡命部隊は殺されたり捕虜になったりし、ケネディーはその解放交渉にあたらなくてはならなくなった。その解放は 20 ヶ月後、食料と医薬品 5300 万ドルと引き替えに得られることになる。

これはウィキペディアの J. F. Kennedy の項目の一部ですが、解放交渉の場面が BASE、V-POINT、FOCUS になっており、そのときよりあとの結果なので未来形で書かれています。これなどは実際には過去の出来事なので、推量のニュアンスはありません。日本語でも「〜することになる」であって、ここを「得られることになるだろう」は変ですよね。

　特殊なケースで、

4）

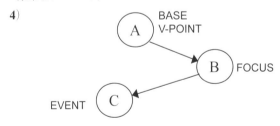

のように EVENT が BASE より過去になるような前未来もあります。ロマン・ガリの『我が人生の意味』の一節です

5）〔自分が書いた３つの自伝的小説を挙げたあと〕Ce sont les seuls ouvrages autobiographique que j'ai écrits ou que j'*aurai écrits* parce que je ne pense plus avoir assez de vie devant moi pour écrire une

autobiographie. （Romain Gary, *Le sens de ma vie*）

これらの作品だけが私が書いた自伝的なものであり、この先も同じだ。なぜなら私には
さらなる自伝的作品を書き上げるだけの人生が残されているようには思えないから。

que j'ai écrits と複合過去で述べたのち、j'aurai écrits と前未来で言い直
しています。自伝的作品がこの3作品しかないということは今も将来も変
わらない事実である、と述べているわけです。前未来そのものの FOCUS
はあくまでも未来にあるのですが、その未来のスペースでは過去にある
EVENT 内の出来事の評価を確定させています。過去の出来事について「結
局〜だった（ということになる）」と結論づける言い方です。以下の例も同
様です。

6）**Vous avez bien fait de venir, cela m'*aura permis* de vous voir avant
mon départ.** （MART, 356）「来て下さってよかった. お陰で出発前にあなたに会
えました」
（朝倉, 2002）

未来の場合、叙法的意味にも注意しましょう。未来の出来事が自分や相
手の行為にかかわることですと、自然と主観的な意味もともなってきま
す。代表的なものは2人称の未来形が表す命令です。

7）**Je reviens tout de suite. Tu m'*attendras* ici.**

すぐ戻ってくる。ここで待っててね。

未来における相手の動作を描けば、自然に命令のニュアンスが生じます。
他にも意志や語調緩和、憤慨などが挙げられることがありますが、特別に
覚えなくても、未来ということがわかっていれば解釈に困ることはありま
せん。

単純未来形で、時制的用法から逸脱した叙法的用法と私が呼ぶのは現
在の「推量」を表す場合ですが、On sonne ; ce *sera* Paul.（ベルが鳴った。
ポールだろう）とか、15課で挙げた Il *aura* encore sa migraine.（また例
の頭痛だろう）のように avoir と être の場合にしか現れず、しかも現在は
ほとんど使われなくなってきているようですから、取り立てて別に覚える
必要はないかもしれません。あとでそうであることがわかるだろうと解釈

して、あくまで未来の延長でとらえることができないわけでもないからです。ただ、叙法的な用法としてあえて取り上げるのは、r の音で表される未来の要素は前未来や条件法にも見られ、そこでは叙法的用法が幅をきかせているからです。15 課で挙げた Il *aura manqué* le train.（列車に乗り遅れたのだろう）などは過去の推量で、時制的用法から説明するのは難しいでしょう。少なくとも 5）や 6）などの時制用法とは区別すべきです。条件法も同じように過去の推量に使われます。

8）**J'*aurais attrapé* froid mardi en sortant du théâtre.**「火曜日に芝居から
出たとき，風邪をひいたらしい」 （朝倉, 2002）

8）は j'aurai attrapé と前未来で表現しても、あまり意味は変わりません。ただ、条件法はいったん過去の立場に身を置いてからの推量なので、多分そうだろうという可能性は前未来のほうが高いようです。

　最後に、未来や前未来では V-POINT は BASE の位置にとどまり、決して未来の位置に移動することはない、ということも確認しておきます。

9）**Quand il arrivera à la fac, le cours *aura déjà commencé* depuis une
heure.**

彼が大学に着く頃、授業はもう 1 時間も前に始まっているだろう。

「始まったところだ」という完了というより、すでに始まっているという先行を表していると思いますが、FOCUS はあくまでも大学に着いたときです。そもそも quand 節は FOCUS スペースを導入するために用いられたもので、その時点で、それ以前にすでに始まっているという状態にあることを表しているのです。V-POINT が移動できないので、未来形では時制の一致も行なわれず、どうしても間接話法で表現する場合には BASE が未来の位置に移動するのです。Ma femme va au concert. Elle me dira ce soir comment c'*était*.（妻はコンサートに出かける。今晩それがどんなだったか語ってくれるだろう）では、コンサートは未来ですが、dire する時点に BASE が移っているので、半過去で表現されているわけです。

現在形の守備範囲

　6課で取り上げた現在形をめぐる謎という問いは、結局のところ日本語・フランス語・英語の現在形はどう違うのか、ということにつきます。この問いに対してスペース構成は何も手がかりを与えてくれません。日本語のル形については第5章であらためて述べますが、どの言語も BASE、V-POINT、FOCUS、EVENT の4つのスペースがすべて同じ場所か、FOCUS、EVENT が未来の位置にあるという構成をとると思われます。特に3つの言語に共通するのは「現在形は過去を表現しない」という性質です。日本語には未来形はありません。英語も基本的にはなく、未確定のことがらは推量の助動詞を伴って述べなくてはならないという規則があり、ここから〈will ＋動詞〉の形が未来形の意味を持ちます。フランス語は逆に未来形の形があり、原則として未来のことがらは未来形で述べることになりますが、すでに決まっている予定など確定済みの事柄は未来のことでも現在形で述べることができます。さらに、s'il *fait* beau demain（明日晴れたら）のような条件文では現在形を使う必要があります。英語でも if it *is* fine tomorrow と現在形ですね。これは si が作る仮定スペースの中では「晴れる」という事態は 100％成立しているので、推量の入り込む余地が全くないからです。「〜するとき」にあたる quand や lorsque など、時を確定するための時況節の場合、フランス語は quand il *viendra*（彼が来るとき）のように未来形ですが、英語は when he *comes* と現在形でなくてはなりません。これは、時を表すのが第一義的なフランス語の未来形と、推量という叙法的意味を表すのが第一義的な英語との違いでしょう。問題となる時を確定するためには、その事態が確かに成立しなければならないと英語はとらえているわけです。「彼が来る（来た）とき」であって「彼が来るであろうとき」ではないということですね。フランス語は未来において彼が来るという

事態が成立したときなので、未来形で問題ないということになります。

　一方、過去は原則として現在形では表現できません。BASE より過去の位置にある EVENT は、必ず過去形を使用しなくてはなりません。ただ、厳密な意味での「現在」は状態の場合にしか成立せず、瞬間的な状態変化を含む「動作・出来事」は必ず過去か未来にずれることになります。この過去へのずれを最も許容するのがフランス語です。日本語では「たった今、退院してきました」はどんなに帰ったばかりでもタ形を使わなくては無理で、「今、退院します」はこれから出るという意味ですよね。フランス語は、もちろん近接過去を使って Je *viens de rentrer* de l'hôpital. でもいいのですが、現在形でも構いません。以下は英仏翻訳サイトの例文です。

　1）a. **Ça va qu'à moitié, parce que je *rentre* de l'hôpital.**

　　　b. **Only okay because I just *got back* from the hospital.**

「まだ半調子です。退院してきたばかりなのです」とでもいう感じでしょうか。英語は過去形を用いています。6課でもふれたように、日本のスポーツの実況中継では、野球のように「投げる、打つ、入る」という出来事が瞬間的に定まる場合はタ形でなくてはなりません。「ピッチャー、第一球投げました。打ちました。大きい。入りました。ホームラン」のようになり、ここを「投げます。打ちます。入ります」ではこれからという感じがして笑ってしまうでしょう。ただし、相撲のように動作が連続していれば、「白鵬、前に出る。大きく腕を返す。動かない」のような形も可能です。要するに動作が完了状態にあるかそうでないかが、タ形とル形で区別されているのです。

　「過去のことは過去形で述べなくてはいけない」というのは原則ですが、BASE 自体が過去に移ってしまったら現在形のままで構いません。Hier, Paul *arrive* à 9 heures. Après le petit déjeuner, on *va* à la fac ensemble.（昨日、ポールが9時にやってきた。朝食をとったあと一緒に大学に行った）などと、回想で書くことはよくあると思います。この場合、最初の副詞 hier で昨日スペースを導入したのち、そこに FOCUS と BASE を移動させて、そのままそのスペースの記述を展開していったと考えられます。こ

の移動はそう頻繁に起こることではなく、単独の文で時間副詞があとにくるような場合は用いられにくいと思います。

2）Paul〔*est arrivé* / *?arrive*〕hier à 9 heures.

ただし、フランス語では英語に比べて、この BASE の過去への移動はかなり頻繁に行なわれます。次の例はアガサ・クリスティーの推理小説『火曜クラブ』で語り手が事件を語り出す最初の場面です。英語の原文は過去形で書かれているのに、フランス語の翻訳者はあえて現在形に翻訳しています。

3）a. The facts are very simple. Three people *sat down* to a supper consisting, amongst other things, of tinned lobster. Later in the night, all three *were taken ill,* and a doctor *was hastily summoned*.

b. Les faits sont très simples. Trois personnes *partagent* un repas comprenant entre autres du homard en conserve. Dans le courant de la soirée, toutes les trois *sont prises de malaises* et *font venir* un médecin à la hâte.

c. 事実は、ごく単純なものです。三人の人間が夕食の食卓につきました。食卓に出たもののうちに缶詰のエビを使った料理があったのですが、その夜おそくなってから、それを食べた三人が三人とも苦しみだして、いそいで医者を呼ぶさわぎ。

（山村, 2006）

3）の a, b, c はいずれも実際に出版された翻訳です。3で用いられるような現在形は「語りの現在」もしくは「物語風現在」というように呼ばれる特殊用法です。英語にもあるのですが、英語よりフランス語での使用が圧倒的に多いのです。この問題は第5章でまた取り上げますが、ここでは現在形がフランス語ではかなり広く使われるということを覚えておいてください。年表のような記述や、個人の経歴なども英語は過去形ですが、フランス語では現在形が普通です。21課でも取り上げましたが、ウィキペディアで J. F. Kennedy を引くと、英語や日本語では過去形で記述してあることもフランス語では現在形で記述されていることに気づきます。さきほど2）

で、時間の副詞はあとからくると使いにくいと申しましたが、これに逸脱する例も登場します。

4）Kennedy *se déclare* candidat pour succéder à Eisenhower le 2 janvier 1960.

　　ケネディはアイゼンハワーの後継候補となることを 1960 年 1 月 2 日に宣言した。

これは BASE をケネディの一生を覆うような形で広くとっているので、FOCUS となるスペースがどこにあっても現在形のまま、ということになっていると考えることができます。フランス語ではこのような文も自然で、歴史の記述などもしばしば現在形で書かれます。

　フランス語の現在形で注意すべきことの最後に、進行中の動作も表せるということを指摘しておきたいと思います。He *plays* tennis.「彼はテニスをする」は、英語でも日本語でも文脈の支えがなければ、「彼は普段している」ということで習慣や性質を表す記述でしょう。もし今テニスをしているところなら、He *is playing* tennis.「彼はテニスをしている」という継続の形にしなくてはなりません。しかし、フランス語はどちらも Il *joue* au tennis. です。これは半過去の場合も同様で、しばしば英語の過去進行形と同じ役割を果たすことにもなるのです。この例は 32 課でもう一度ふれます。次の例はモディアノの小説からの引用ですが、英訳者が現在形と進行形を訳し分けていることに注意してください。

5）a. Quant à mon père, il *se penche* vers eux avec une telle insistance que sa poitrine *touche* presque la table [...] Derrière eux, Grève *se tient* très droit.　　　　　　　（Modiano, *Les boulevards de ceinture*）

　b. And my father *is leaning* towards them so intently that his chest *is* almost on the table [...] Grève *stands* stiffly behind him.

　　　　　　　　　　　　　　　　　　　（Healy 訳, *Streets Above Us*）

c. 父はといえば、テーブルに胸が<u>くっつき</u>そうなぐらいに、しきりと二人の方に身を<u>かがめている</u>。［…］彼らの後に、硬直したように<u>立つ</u>グレーブ。

　　　　　　　　　　　　　　　　　　　（野村圭介訳『パリ環状通り』）

単語、いくつ覚えれば……

「単語、いくつ覚えれば……」──受験勉強のときによく考えたのではない
でしょうか。「手っ取り早く単語だけ覚えてしまって」などと考えるのでしょ
うが、それで成功した人はいるのでしょうか。私も「必勝英単語○○語」と
いうような本を何冊も持っていたような気がします。が、謳い文句の「1ヶ
月で5千語」なんて、夢のまた夢で、どれも最初の10ページくらいで挫折
した記憶があります。結局、実際に英語やフランス語を読んでいくなかで自
然に覚えていった単語だけが、頭に残っているのです。そもそも自分がいく
つぐらい単語を知っているかなんて、誰もわからないのではないでしょうか。
それでも「何語あれば」と問いたくなるのは、いつになったら辞書のお世話
にならずに目の前の文章を読めるのかなぁと思うからでしょう。

　資料としては、「カバー率」があります。頻出する上位何語が、収集に用い
たデータの何パーセントを占めるかという比率です。英、仏、西、中、朝、
日の比較ではフランス語が最も高く、上位5千語では96.5%になります。英
語が93.5%です。たいした差ではないように感じますが、ペーパーバックの
1頁が320語くらいとして、5千語知っていた場合、フランス語では知らない
単語が約11個、英語では21個です。約半分ですから、相当違うと思いま
せんか。ちまたでは「5千語知っていれば96%理解できる」などと言われる
カバー率ですが、1頁に10個も知らない単語があったら読む気が失せますよ
ね。残念ながらカバー率で出されるデータは5千語までしかなく、1万、2万、
3万となるとどうなるのかはわかりません。5千語程度では本は読めないとい
うことは言えそうです。ただ、フランス語は英語に比べるとはるかに少ない
単語で読めるようになることも確かです。学習が進むと、知っている単語の
数と読解能力は比例します。中級以降の学習パフォーマンスはフランス語の
ほうが英語よりはるかに高いのです。がんばりましょう。

第 4 章
半過去の謎を解く

この章では半過去と条件法を扱います。半過去はフランス語の時制の中で最も陰影に富んだ時制で、時制研究の中では研究書の数が最も多いと思います。条件法は半過去に未来要素 -r- が加わったものですから、半過去のしくみの延長という形で述べることができますし、仮定の表現では条件節と帰結節とでこの組み合わせが最も多く、構文として覚えている人も多いと思います。どちらも、時制的な用法と並んで叙法的な用法で用いられることがあり、この 2 つの用法の違いをしっかりと認識して覚えたり使ったりすることが必要です。半過去はフランス語独自の時制ですので、英語の進行形や日本語のテイル形との比較などにもふれるつもりです。他言語と比較することで半過去の特徴がいっそう明らかになってくることでしょう。

23課 半過去の本質

　それでは、これから具体的に半過去の謎解きに入っていきましょう。23課から27課までは主として時制的用法の半過去を扱います。半過去のスペース構成は12課で見たように、

1)

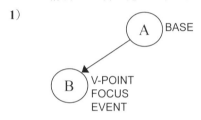

となります。複合過去は過去の意味を表す場合、

2)

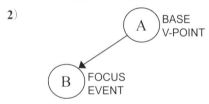

ですから、違いは V-POINT の位置です。今から見て過去のことを語るのか、過去から見たそのときのことを語るかの違いですが、今から過去を振り返る場合は出来事の全体がすでにわかっているわけですから、図では B にあたる EVENT スペース内で、その出来事の始まりから終わりまでのすべてが把握されていることになります。これに対し、半過去は出来事が生じている同じスペースから見ているのですから、まさに出来事は展開中で、始まりも終わりもその視点の中では描いていないということになります。この違いを図示してみましょう。スペースは出来事が描かれる EVENT スペースで、t は時間軸を、太線は出来事を表します。

3）

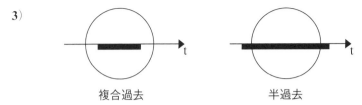

複合過去　　　　　　　　　半過去

　複合過去の場合、始まりと終わりがスペースの中に収まっているのに対し、半過去の場合ははみ出しています。複合過去の場合、線の長さは関係ありません。始まりと終わりが収まっていればよいのですから、点であっても、長くても（2 課の 2 のような例）よいわけです。

　下記の 4）のような典型例は、この 3）の図式があてはまります。

4）Lorsqu'il est entré dans le salon, sa mère *regardait* la télévision.

　　　彼が居間に入ったとき、母親はテレビを見ていた。

「入った（est entré）」という出来事は一瞬で終わります。つまり入り始めと入り終わりが描かれていることになりますから、3）の左の図があてはまります。一方、母親のテレビ視聴はいつ始まりいつ終わったのかわかりません。ともかくこのスペース内ではその出来事が進行中ですから、展開中の段階にある右の図になるわけです。

　特に「出来事が終わっておらず未完了の状態にある」ということが強調される場合があります。そもそも半過去を意味するフランス語のimparfait は im（未）＋ parfait（完了）で、未完了過去というような意味で名付けられたものです。2 課の 3）でも挙げた下記の例は「試みの半過去」と呼ばれ、その「未完了」という性質がぴったりと当てはまります。

5）Vous avez de la chance〔de me rencontrer〕: je *sortais*.　（Imbs, 1960）

　　　よかったですね〔私に会えて〕。出かけるところだったんですよ。

話し手はまだ出かける前の状態にあったわけですから、まさに未完了です。

　ただ、3）のようにすべてを実線で書いてしまうのは少し違うような気がします。5）は確かに未完了ですが、そもそも実際には出かけていないのですから、始まってもいないわけです。ただ、出かける準備をしていて

出かけることを意識した状態にあった、ということは確かでしょう。私が
半過去の図式として実際に用いているのは、時制的用法の場合、

6)

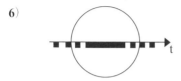

です。実線は現実にその出来事が進行中であることを示しますが、実際の
行為ではなくその準備や影響などすべてを含んだ属性がスペースを満たし
ていることを表現しています。5)の文は実現する前の破線の状態が直前ま
でずっと続いていたことを示しています。現在の状態のような気もします
が、相手がやってきたその時点において出かけるという動作はキャンセル
されてしまっているので、このスペースの中に「現在」は入らないのです。
　破線が行為のあとの状態になっているものもあります。

7) **Un quart d'heure après j'étais chez Prudence. Elle *rentrait* à peine.**

（Al. Dumas fils, *La dame aux camelias* in Imbs, 1960）

　　15分後、私はプリュダンスの家にいた。彼女は帰ってきたばかりだった。

もう帰ってきてはいます。しかし、ちょうど帰ったところで、まだその余
韻を残している状態といえるでしょう。したがって破線ですが、その状態
がスペース全体を覆っているといえます。8)も2課で挙げた例です。

8) **Cependant on s'arrêta. Des hommes et des femmes se tenaient
debout devant les portières avec des lanternes à la main. On *arrivait*.**

（Maupassant, *Une vie*）

　　そうこうしていると馬車がとまった。　下男や下女たちが、手に手に灯を持って、馬車の
　　扉の前に立っていた。　到着したのである。

到着という出来事そのものは着いたその瞬間にもう成立ずみですが、到着
にまつわる一連の出来事が進行中ということなのです。このように動詞が
描く出来事を、展開中の状態としてスペース全体に行き渡らせるように描
くのが、半過去の特徴です。さらに、そのスペースを特徴づける属性とし

て描きます。特徴としておさえておくべきことは、

9）**a.** 視点を過去におき、その時点で展開中の状態として出来事を描いていること

　　 b. その状態が現実の行為もしくはその影響としてスペース全体を満たしていること

　　 c. その状態がそのスペースを特徴付ける属性になっていること

の3つです。あらゆる半過去はすべてこの特徴を備えていると考えられます。4）、5）、7）、8）をもう一度見直してみましょう。まず9)a がすべてにあてはまるのはわかりますね。そして9)b ですが、4)は実線としてこれを満たし、5)、7)、8) も前か後かはともかく、破線がスペース全体を覆っていることがわかります。9)c は少し説明が必要かもしれません。4)はこのスペースは母親のそのような状態を描くためのものだ、ということができます。もちろん、このスペースは「彼が居間に入った」状況を描くためのものだということもできますが、居間に入るのはそのスペースの中でおきた出来事にすぎず、スペース全体を特徴づけるとまでは言えません。少なくとも、入ったあとの状態もこの文は描いており、そのときの状態が確かに述べられているからです。それに対し、母親のテレビ視聴はこのスペースの全体に有効で、このスペースの属性というにふさわしいものです。5)、7)、8)もこのような観点でみると、そのスペース全体に有効で、まさにその属性を表現するためにそのスペースが存在していることがわかるでしょう。

　最後にひとつだけ補足しておきますと、9) a の「過去」は過去のようなものとして「現実とは異なる仮定上の世界」のことにも拡張されます。条件を表す si のあとに用いられる叙法的用法の半過去がそうですね。

10）S'il *faisait* beau, j'irais me promener dans la forêt.

　　　　晴れていれば、森を散歩しに行くんだけどなあ。

仮定された世界は時間的な「過去」ではありません。しかし、あとでふれますが、過去と非常に似た世界です。この世界を過去の拡張とするなら、叙法的用法の半過去でも9)のすべてが満たされることになります。

半過去と複合過去の違い

23課でみた半過去と複合過去の違いをもう一度確認しましょう。以下の図のようになるのでしたね。

1)

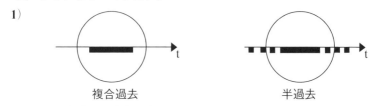

複合過去　　　　　　　　　　　　半過去

半過去の破線は、事態が起こりそうな段階または事態が残した影響であって事態そのものではないので、文脈さえ用意すれば、複合過去で表現できる内容はすべて半過去でも表現できます。「語りの半過去」がそれでしたね。では、半過去で表現できないことはないが、複合過去で表現するのが普通という例をまず挙げてみましょう。1) の図のように、始めと終わりがスペースの中で完全に描かれているというようなものです。

まず考えられる典型例は、瞬間的に終わってしまうような行為です。

2) **L'année dernière, j'*ai acheté* un appareil photo.**

去年、私はカメラを買った。

このような典型例を間違う人はいませんよね。これがなぜ典型例であるかというと、去年というスペースに対して「カメラを買う」という行為があまりにも短く、始まりも終わりも当然このスペースの中に収まってしまうからです。これを半過去で書くとかなり変なことになります。実線部がごく短くてスペースの一部しか占めないので、その前後を破線部が補うような内容を考えなくてはならないからです。しかし半過去にできないことではなく、以下のような例が研究書にあります。

3) **L'idiot que je suis ! L'année dernière j'*achetais* un appareil photo**

dont je n'avais nul besoin, et cette année je n'ai même pas de quoi me payer le cinéma. (Ducrot, 1979)

なんて私はばかなんだろう。去年は少しも必要のないカメラを買ったのに、今年は映画に払う金もない。

1979 年当時、カメラはちょっと贅沢な買い物だったのですね。ポイントは対比です。3）は去年と今年を対比しています。そしてこの場合、対比の内容は行為そのものではなく、カメラを買えるような状態であった去年と、全くお金がない今年の状態です。つまり、状態が問題だと受け取れる話の流れであり、23 課 9)a、9)b の条件を満たしていることがわかります。さらに 9)c の「その状態がそのスペースを特徴付ける属性になっていること」という条件についてはどうでしょう。3）は、去年という年はまさにカメラを買ったということに代表されるそのような年であったという内容ですから、ぴったりですね。このようにして、やや強引に 3）のような状況を作れば半過去も可能になるが、普通は複合過去で表現される、ということがおわかりいただけるのではないでしょうか。

　注意を要するのは、瞬間的な動作よりはある程度の長さを持った出来事の場合です。2 課でも取り上げましたが、

4）La guerre *a duré* cent ans.

戦争は 100 年続いた。

は 100 年の長さがあるので、半過去でもいいのではないかと思う人もいるでしょう。点の過去を表すのが複合過去で、線の過去を表すのが半過去と教わったりするからです。ただし、もう一度、1）の図を見てください。線であっても始まりと終わりがはっきりしていたら半過去ではなく複合過去なのです。そこでシンプルな法則として、

5）期間や回数などをはっきり示す表現があるときには複合過去を用いる。

と覚えておくとよいと思います。4）は 100 年という期間が明記されています。100 年とわかるためには、始まったのがいつで、終わったのがいつだかわかっていなければなりません。したがってこの表現には始まりと終わ

107

りがちゃんと認識されているということになるのです。

6）[×] **Je** *lisais* **un livre de 9 heures à 11 heures.**

私は9時から11時まで本を読んでいた。

とは言わないのも、読み始めが9時で読み終わりが11時とはっきり述べているからです。

　期間を表す代表的な前置詞は pendant ですね。「pendant とあったら複合過去」と覚えておいてもよいくらいです。

7）**Nous** *avons discuté* **du problème pendant une semaine entière.**

私たちは、まる1週間、問題を議論しました。

長く続いた議論ですが、pendant で期間が明示されていますから半過去ではなく、複合過去で表現されるのです。

　回数の表現としては〈数詞・不定形容詞 + fois〉が代表的ですね。

8）**La semaine dernière, je** *suis allé* **trois fois au cinéma.**

先週、私は3回映画に行った。

3回とカウントできるということは、1回目の始まりから3回目の終わりまできちんと把握しているということです。複合過去になるのは当然です。

　quand や lorsque といった表現は、期間を表すというより、時期を定める表現ですが、行為の成立した時期を表しているので、終わりを明示する複合過去とともに用いられます。

9）**Quand il** *est entré* **dans le salon, je** *regardais* **la télévision.**

彼が居間に入ってきたとき、私はテレビを見ていた。

このような順番で出てくると間違える可能性はあまりないのですが、「私がテレビを見ていると彼が居間に入ってきた」という日本語をフランス語に翻訳しようとすると、

10）[×] **Quand je** *regardais* **la télévision, il** *est entré* **dans le salon.**

とやってしまいそうになります。しかし、半過去は始まりと終わりを明示しないのですから、時間軸上にはっきりと行為を位置づけることができないのです。このような場合は、quand の位置を入れ替えて、

11）Je *regardais* la télévision quand il *est entré* dans le salon.

とします。11）は主節が je regardais... 従属節が il est entré... ですが、言い
たいことの中心は従属節のほうにあります。通常、半過去が表すのは背景、
複合過去が表すのは前景です。ここでも前景は il est entré... の方でしょう。
このように主節と従属節の働きが逆転しているような関係で用いられる
quand のことを「逆従属の quand（quand inverse）」と呼ぶこともあります。

　quand や lorsque は基本的に複合過去で時間を確定させるのですが、
avoir と être を使った人生の時期を表す表現の場合は、例外的に半過去と
結びつきます。lorsqu'il *était* petit（彼が幼い頃）とか quand j'*avais* dix
ans（私が10歳の頃）のような表現ですね。反復・習慣を表す場合も問
題ありません。

12）Quand il *parlait*, elle le *suivait* du regard.

　　　彼が話すと、彼女は眼で彼の動きを追うのだった。

これは「彼が話すたびにそうする」ということで、反復される内容ですか
ら1回の出来事のようにその瞬間を確定させる必要はないわけです。1回
の行為なら複合過去で表現される内容でも、繰り返し行なわれることに
よって半過去になっている例ですね。

　quand や lorsque とは逆に、半過去と親和性が高い時間の接続詞は comme
です。

13）Le téléphone a sonné comme je *sortais* de chez moi.

　　　家を出ようとしていると、電話が鳴った。

14）Comme le temps passait, il *s'inquiétait* de plus en plus.

　　　時が経つにつれて、彼は次第に不安になってきた。

10）も quand を comme に変えれば問題ありません。

　半過去と複合過去の違いはまず、動作（複合過去）か状態（半過去）
か、ということになるのですが、1）の図も頭に入れておいてください。

半過去の基本的な用法と派生的な用法

　ここからは、半過去のもつさまざまなニュアンスや多くの用法について解き明かしていきたいと思います。時間的用法の場合、EVENT スペースにおける出来事（というより状態）は、

1)
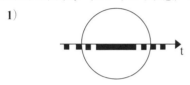

となるのでしたね。ポイントは破線部分ですが、それが実線となるのが基本的な用法で、破線となるのが派生的な用法です。破線部分がさまざまなニュアンスを生みます。この実線か破線かの違いは文脈によるのですが、それには原則があって、次のルールに従います。

2) 文脈が許す限り実線として解釈し、無理な場合に破線としてスペース全体に有効になるように解釈せよ。

3) **Lorsqu'il est entré dans le salon, sa mère *regardait* la télévision, et son père *lisait* un livre.**

　　彼が居間に入ってきたとき、母親はテレビを見ており、父親は本を読んでいた。

3課の最初に挙げた例ですが、regarder la télévision（テレビを見る）も lire un livre（本を読む）も継続可能な行為を表す表現で、スペース一杯にその行為を続けることができます。可能な限りそのように読みなさいというのが半過去の指令で、母親がテレビを見たあとで父親が本を読んだと解釈することは許されません。これに対し、arriver（到着する）や sortir（出かける）などは一瞬で成立する動作を表すので、実線部分は点でしかありません。23課で出した2つの例を確認してみましょう。

4) **Cependant on s'arrêta. Des hommes et des femmes se tenaient**

debout devant les portières avec des lanternes à la main. On *arrivait*.

そうこうしていると馬車がとまった。 下男や下女たちが、手に手に灯を持って、馬車の
扉の前に立っていた。 到着したのである。　　　　　　　　　　（Maupassant, *Une vie*）

文脈上、もう到着し終わっているのですから、arriver によるスペースの満
たし方は破線でしかありません。しかし、半過去で書いてあることで、こ
のスペース全体に到着という出来事がずっと漂っていることが感じられま
す。このときの使用人の状態など、まさに到着の出来事に付随した状態が
このスペース内に残っています。

5）Vous avez de la chance［de me rencontrer］: je *sortais*.

よかったですね［私に会えて］。出かけるところだったんですよ。　　　（Imbs, 1960）

23 課の 5）です。実際に出かけていないのですから実線が成立しているわ
けはありません。しかし、この直前の過去のスペースは、まさに外出直前
の、そのような準備をしていた状態が破線の形で満たしているスペースな
のです。

　それでは、半過去の基本的な用法として、実線として現れる用法を確認
しておきましょう。a. 過去の状態、b. 過去の行為の継続、c. 過去の行為
の反復、d. 過去の習慣の 4 つです。

6）a. J'ai rencontré une jeune fille hier. Elle *était* très belle.

昨日若い女性に出会った。彼女はとても美しかった。

b. Marie s'est retournée vers moi. Elle *riait*.

マリーは私のほうを振り向いた。笑っていた。

c. L'image de Jenny *passait* et *repassait* devant ses yeux.

Jenny の面影が目の前を行ったり来たりした。　　　　　　　　　　（朝倉, 2002）

d. Quand j'étais petit, j'*allais* à l'école avec ma sœur.

子供の頃、私は妹と学校に通っていた。

　6）a、6）b については、どの教科書にも例文がのせられていますから、
特に解説は必要ないでしょう。実線がスペースを満たしているということ
も理解できると思います。6）c、6）d は単独の動作としてはスペースをす

111

べて満たすのは難しいのですが、そのスペースの期間にわたってずっと繰り返されていたということですので、実線がスペース全体を満たすことができます。

　1）の図の破線が文脈上実線とは解釈できないケースが、派生的な用法ということになります。その中で、4）や5）のように、始まりと終わりのどちらかだけが破線になるケースは比較的わかりやすいものです。4）も5）も、この半過去を複合過去にすることはできません。どちらも実線となるべき瞬間はこのスペースの中にはありません。4）ではすでに到着していますからこのスペースの前ですし、5）ではまだ出かけていないのですからこのスペースの後ろでしかないでしょう。解釈が難しいのは、前も後ろも破線になって、実線部分だけなら複合過去で表現するのがふさわしいようなケースです。

　それではどのようなときに、複合過去で表現可能な実線に破線部を加えて半過去で表現できるようになるのでしょうか。極端な例として24課で挙げた対比の例をもう一度見てみましょう。

7）L'idiot que je suis ! L'année dernière j'*achetais* un appareil photo dont je n'avais nul besoin, et cette année je n'ai même pas de quoi me payer le cinéma.　　　　　　　　　　　　　　　　（Ducrot, 1979）

　　なんて私はばかなんだろう。去年は少しも必要のないカメラを買ったのに、今年は映画
　　に払う金もない。

これは言語学者が作った文ですので、フランス語としてごく自然かどうかはわかりませんが、この文脈によって何がどう変わったかを半過去の特徴として挙げた23課の9）の3つの性質と照らし合わせてみましょう。9）aの「展開中の状態として出来事を描く」は「カメラを買う」という出来事が、「カメラを買えるほど金持ちだった」状態と解釈することで満たされます。9）bの「その状態がスペース全体をみたしている」という性質も、去年と今年の対比ですから、「カメラを買えるほど金持ちだった」状態が去年スペース全体にかかわるものと解釈されるので問題ないでしょう。9）cの「ス

ペースを特徴付ける属性」というのもはっきりしています。「カメラを買えた」という状態が「映画に行く金もない」という今年の状態と対比され、去年というスペースを特徴付ける属性になっているのです。

　このような観点から「切断の半過去」を見てみましょう。2 課の 10) の例文です。

8)〔語り手は、インドシナの役人だったときの上司とのもめ事を語る〕**"Je me secouai, outré de colère contre lui, je répondis sèchement : « Je vous remercie, mais je crois que j'ai assez voyagé : il faut maintenant que je rentre en France. » Le surlendemain, je** *prenais* **le bateau pour Marseille.**

（Sartre, *La Nausée*）

私は身震いした。彼に対して腹が立ち、冷たく答えた。「ありがとうございます。しかしもうずいぶんと各地を渡り歩いてきましたから、もうフランスに帰らなくてはと思います」。その翌々日、私はマルセイユ行きの船に乗り込んだのだった。

最後の半過去で書かれた一文だけ、スペースが独立していますね。Le surlendemain によって、まったく新しい場面である「翌々日スペース」が開かれます。このスペースはまさに、マルセイユに向けて語り手が発ったこと、こうして仕事を辞め、新しい状態になったことを表現するために存在しているのです。Je prenais le bateau... で示される属性はこのスペースを特徴付ける属性であると言えるでしょう。

　この特徴は、叙法的用法ではよりはっきりと現れます。2 課の 5) の例文を取り上げてみましょう。

9) Si vous *construisiez* **une église sur ce lieu, votre fils recouvrerait la vue.**

この地に教会を建てたら、汝の息子は視力を取り戻すであろうが。

si のスペース内に、建て始めから建て終わりまでのすべてのプロセスが描かれており、未完了とは言えません。しかし、条件文のスペースはその条件を描くためにこそ存在しているのですから、半過去で描く事態は典型的な「スペースを特徴付ける属性」なのです。

26課 語りの半過去

　「語りの半過去」の最も一般的な定義は、「複合過去もしくは単純過去に置き換えられる半過去」です。ということは、私たちがフランス語を書く場合には、複合過去を用いればよいので、「語りの半過去」はもっぱら読解用ということになります。複合過去や単純過去は EVENT スペース内に完全に実線が収まっていますから、その内容を半過去で表現すると、実線の前と後の部分が破線になって、スペース全体を満たします。意味としては複合過去や単純過去の意味にこの破線のニュアンスが加わるということになりますね。そのニュアンスは 25 課 7) のような「対比」、25 課 8) のような「結末」です。この 8) の例のように「その〜後、〜したのだった」のような形で出てくる「語りの半過去」はパターン化しており、特に「切断の半過去」と呼ばれるのでしたね。もうひとつ、モーパッサンの『女の一生』から少し長い例を挙げておきましょう。

1) Et lorsque le notaire arriva avec M. Jeoffrin, ancien raffineur de sucre, elle les reçut elle-même et les invita à tout visiter en détail.
/ Un mois plus tard, elle *signait* le contrat de vente, et *achetait* en même temps une petite maison bourgeoise auprès de Goderville, sur la grand-route de Montivilliers, dans le hameau de Batteville.
/ Puis, jusqu'au soir elle se promena toute seule dans l'allée de petite mère, le cœur déchiré et l'esprit en détresse〔...〕

(Maupassant, *Une Vie*, in Bres 2005)

公証人が昔精糖業をやっていたジョフラン氏をつれてやってきたとき、ジャンヌは自分で二人を迎え、家のなかをすみずみまで見てくれるように案内した。/ それから一カ月たって、ジャンヌは売却契約書に署名し、それと同時に、バットヴィルの村に平民の住んでいた一軒の小さな家を買った。その家は、ゴデルヴィルに近く、モンティヴィリエ

街道に面していた。/ それからジャンヌは、夕方まで、たった一人で、例のお母さんの散歩道を歩いた。胸は千千にみだれ、思いは深い悲しみにひたされていた。

（新庄嘉章訳、新潮文庫）

主人公のジャンヌがお金がなくなり、住んでいる家を手放さなくてはならなくなったときの情景です。途中の Un mois plus tard のあとに定石通り signer と acheter が「切断の半過去」におかれています。1)の各動詞が配置される EVENT スペースは、ⓐ公証人がやってきてジャンヌが案内する場面、ⓑ契約書にサインし、新しい家を買う場面、ⓒ夕食まで散歩する場面の3つに分かれると考えることができます。この中心はなんと言ってもⓑですよね。ⓐはⓑに至るまでのいわば経緯で、ⓑがその結末になるわけです。このスペースは家を売り別の家を買ったという出来事を述べるために存在しているので、2つの出来事はⓑというスペースを特徴づけているということもできるでしょう。ⓒは、ⓑと同じ日のことですから，もしもⓑが単純過去で書かれていたら、ⓑのスペース内の一挿話と受け取れることになります。しかし、わざわざ段落を改めて Puis という接続詞をもってきて話を続けることで、新しいスペースを作り、ⓑを独立のスペースとしてクローズアップさせているのです。

　クローズアップ効果は、前後に単純過去の文を置くことによって生まれます。ヴィアンの『日々の泡』の一節です。

2）– Je... dit-il tout contre son oreille, et, à ce moment, comme par erreur, elle tourna la tête et Colin lui *embrassait* les lèvres. Ça ne dura pas très longtemps.　　　　(Vian, *L'Écume des jours* in Bres, 2005)

「僕は…」と彼女の耳元にすっかり口を近づけて彼は言った。とそのとき、彼女は何か勘違いしたかのように振り向き、コリンは彼女の唇に口づけをしたのだった。それはさして長く続かなかった。

dire... tourner と連続した動作が単純過去で描かれたあとに、embrasser が半過去で現れます。キスは彼女が振り向いたあとにした行為のはずですから embrasser の始まりははっきりとこのスペースに収まります。次

115

の文では「続かなかった」と言っているわけですから、実線となるべき出来事はスペースの中に収まるはずで、描写されている出来事そのものはembrasser を単純過去においた場合と全く同じです。しかし、描かれ方、視点の置き方が全く異なります。tourna, ...embrassa と 2 つの行為を単純過去で併置した場合、この 2 つの行為に軽重をつけることなく、継起的に生じた出来事として淡々と描写しているにすぎません。tourna, embrassa, dura の 3 つの出来事の 2 つ目と 3 つ目はほぼ同時であり、すべて同一スペース内の出来事として処理されます。これに対し、embrasser を半過去においた場合、ここで V-POINT が tourna が描かれたスペース内部に移動し、embrasser の行為がクローズアップされ、スペース全体にまでこの出来事の影響が広がるように描かれることになるのです。この半過去の描写のあとは V-POINT も BASE にもどり、また全体を俯瞰する位置から出来事が描写されていくことになります。この例を引用した Jacques Bres は、思春期にこの部分を読んだとき「世界で最も美しい口づけの描写を見る思いがした」と述べています。少々おおげさですが、「語りの半過去」の意味効果が最もよく現れた例であることは間違いありません。

　このようにうまく使えば、「語りの半過去」はスペース内において動作の占める重みを増すことになりますから、その効果を狙って好んで使う作家もでてきます。メグレ警部シリーズで有名なシムノンもそのひとりで、特別に「シムノンの半過去」と呼ばれるほど半過去を多用したようです。普通のフランス語話者が許容しないか困難に感じられる例として、研究者の Jean-Pierre Desclés は以下のようなものを挙げています。

3）**Une nouvelle affaire ? lui demanda sa femme.**

　　Un crime, semble-t-il, avenue du Parc Montsouris...

　　Il *enroulait* la grosse écharpe autour de son coup, *endossait* son pardessus, *saisissait* son chapeau.

　　– Tu n'attends pas que Lapointe soit ici ?

〔Simenon, *Maigret et l'affaire Nahour* in Desclés, 1994〕

「また新しい事件ですの？」と妻が尋ねた。

「どうもモンスリー公園通りで犯罪がおきたらしい」

彼は大きなマフラーを首に巻き、外套を着、帽子をつかんだ。

「ラポワントがここに来るまで待っていないの？」

半過去におかれた enrouler, endosser, saisir という動作はこの順で行なわれたはずですから、どんなに引き延ばしてもスペース全体を同時に覆うことは無理で、破線ということになります。しかも、わざわざ破線にして感じさせなければならない特別の意味合いがこれらの行為に含まれるわけではありません。どの動作も、スペースを特徴づける属性というのは難しいですね。そんなことから、ここを単純過去にしたくなるという母語話者も多いでしょう。しかし、シムノンはあえてそのようなぎりぎりの表現を使って V-POINT をこのスペースにおくことで臨場感を高めているのだと思います。

　ただ、「語りの半過去」を連続して使い続けると、それはそれで安定し、違和感のない語り方になります。出来事のすべてを現在形で書いていく「語りの現在」と同じような用法で、過去の現場に V-POINT をおいて、実況中継に準じた形になるのでしょう。3 課の 2) などがそれにあたります。

4）Le 24 mai, un chat *traversait* devant le peloton et effaçait tout. Blessé, Marco Pantani *ralliait* l'arrivée à 15 km/h.

(*Le monde* in Bres, 2005)

5 月 24 日、一匹の猫が先頭集団の前を横切りすべてを台無しにしてしまった。傷ついたマルコ・パンターニは時速 15km でゴールに着いた。

ここまでくると、もはや文体の問題になってきて、ひとつひとつの半過去には特別の意味合いはありません。23 課の 9) で挙げた半過去の 3 つの特徴である a. 過去における展開中の出来事、b. スペース全体を覆う属性、c. スペースを特徴づける属性のうち、はっきり感じられるのは a のみで、b と c は、使われている半過去全体でその役割を果たしていると考えなくてはなりません。「語りの半過去」は半過去の時制的な用法の中で、最も派生的な半過去だと言うことができます。

27課 さまざまな半過去

半過去そのものの働きは、スペースを覆うその属性が実線（実際の状態）であるか、破線（半過去の動作の影響）であるか、という違いがあるだけで、それ以上の意味の広がりはないのですが、使われる状況と半過去の意味が連動して独特のニュアンスをもたらすことがあります。私たちはことばの文字通りの意味だけを用いて意思の疎通をしているわけではありません。Peux-tu me passer le sel ? という文の文字通りの意味は「君は塩を私に渡すことができるか？」という相手の能力を尋ねることです。しかし、わざと意地悪をしようとする子供なら別ですが、Oui と答えただけで放っておく人はいません。能力があるなら、類推を働かせて塩を渡す行為の実行に移ることを求めることが、話し手の意図の中にあります。だから翻訳も「塩を取ってくれる？」となりますね。この例はほとんど慣用表現ですので、状況が作用する割合は少ないのですが、「きっと晴れるから一緒に行こうよ」と誘われ、渋々ついてきたハイキングで、雨がザーザー降ってきたとします。連れ出されたほうが Comme il fait beau !（なんてすばらしい天気でしょう！）と叫びます。皮肉ですよね。話し手の表現意図は「おまえが晴れると行ったからついてきたのに、こんな天気じゃないか」という非難にあります。それが伝わるのは、逆の状況でそのせりふを発したからです。半過去も、使われた状況と組み合わされると、さまざまなニュアンスをもたらすことがあります。

半過去は V-POINT、FOCUS、EVENT のすべてが同一スペースにあるので、「視点を過去に移した現在形」という性格を持ちます。そこでしばしば現在形の内容と対比されることになります。過去にそのような状態であったと述べることは、現在はそうではないという含意につながるのです。まずこのことを確認しておきましょう。再びシムノンの例です。

1）– C'était Saint-Germain-des-Prés qui la *fascinait*... Il s'en voulut, par une sorte de superstition, d'avoir employé le passé et il corrigea :

– ... qui la fascine...　　〔Simenon, *La disparition d'Odile* in Wilmet, 1997〕

「彼女が夢中になっていたのは、サンジェルマン・デ・プレでした…」。彼は一種の迷信から、過去形を用いたことに腹を立て訂正した。「いや、夢中になっている…」

　最初に半過去で述べたのは、話題となっている過去スペースの中での話だからですが、そのあとで、過去にそうであったということは今はそうではない、今は死んでそのような状態でなくなっているという含意が生まれることに気づいて言い直した、ということなのです。

　さて、さまざまな半過去ですが、現在形で表現してもよさそうなところで用いられた半過去のニュアンスが、パターン化したものがあります。

2）語調緩和の半過去（imparfait d'atténuation）

Je *voulais* te demander un petit service.

ちょっと頼みたいことがあったんだけど。

3課の3）の例文です。この文そのものは、過去スペースにおいて、そのスペースいっぱいに頼みたいことがあった状態が存在していた、ということですから、基本的な用法そのものです。過去の話をしている文脈であれば何の説明もいりません。しかし、過去の話でもないのにこれを言うと、本当は今のことが言いたいのだということが伝わります。発せられた文が問題にしている過去スペースの情報がないので、現在スペースに隣接した直前の過去のことを言っていると解釈されるでしょう。そのスペースで頼みごとをしたいという願望を持っていたと話し手は言っているのです。そこから、今はそうではないという含意がまず生まれます。これが願望を押しつけるのをさける語調緩和の意味効果をもたらすわけです。もちろん含意はあくまで含意にすぎず、その気持ちは今も続いていてもいいわけで、依頼の意図も伝わります。日本語の「あったのですが」にみられるタ形も同じような働きをしていると言えますね。この voulais は venais（来たのですが）とすることもできます。この場合、半過去スペースを覆うのは破線

ですが、原理は同じです。頼むために来ていたというのは直前スペースの状況です。

3）市場の半過去（imparfait forain）

Qu'est-ce qu'elle _voulait_, la petite dame ?

何にしましょうか、おかみさん。　　　　　　　　　　　（Berthonneau & Kleiber, 1994）

3課の4）の例文です。庶民的な市場などで用いられる表現で「彼女は何を欲しがっていましたか」が本来の意味です。3人称が用いられていますが、呼びかけがあるように、この elle は相手のことを指しています。この半過去も、買い物客がやってきたとたんに使うのは変で、ある程度その場にいてすでに買うものを物色していた人に用いられます。つまり半過去が直接表しているのは、話しかける直前の過去のスペースで、今はそうではないかもしれないという含意が3人称の使用と相まって、婉曲のニュアンスを生んでいると考えられます。直接表現している内容は過去の状態で、基本的用法なのですが、それが市場という特殊な環境で、現在のこととの関連で用いられているため「市場の半過去」と言われる用法となるのです。

4）愛情表現の半過去（imparfait hypocoristique）

Ah ! qu'il _était_ joli, mon petit Maurice.　　　　　　　　　（Imbs, 1960）

まあ、何て可愛いのでしょう、私のモーリスちゃん。

3課の5）で挙げた例です。さすがにここには、「今は可愛くない」という含意はないでしょう。この表現は主に、赤ん坊やペットなどのようにこちらの話を理解できない相手に投げかける表現です。相手との間に対話は成立しません。その意味で相手に3人称を用い（「市場の半過去」と同じです）、今いる世界と切り離した過去の世界（しかしその延長に現在がある世界）にわざと置くことで、反応が返ってこないことを納得させているとも言えます。別に半過去そのものが愛情を表しているわけではありません。直接述べている内容は基本的な過去の状態に他なりません。これがわざわざ現在そこにいる相手について愛情表現を表すときに用いられることが多いので、そのような名称がついているのです。これら3）、4）は日本語ではタ

形には訳せず、フランス語が独特の含意を発展させてきたと言えるでしょう。

5）〔探している人を見つけて〕**Ah ! vous _étiez_ là.**

　　あっ、そこにいたんですか。

これも表現している内容そのものはいたって平凡なものです。相手は実際に今より以前にそこにいた、ということを言っているわけで、実際にそこにいたのです。ただ、これが現在も相手がそこにいるという状況で用いられるので特別なニュアンスが生まれます。さっきも今もいるのなら現在形を使って表現すればよいわけです。それをわざわざ過去形で表現するのですから、今はもういないということを匂わすためか、今より過去のことに特別に言及したい、ということを述べるためで、この例は後者でしょう。今ではなく、探していた過去のスペースにおいてどこにいたかということをことさらに問題にし、そこにいたのだったか、という感慨を生むわけです。日本語でも「そこにいたのですか」とタ形を用いて、同じ効果を出すことができます。

6）**Demain, il y _avait_ un concert ; mais je n'irai pas.**

　　明日コンサートがあったんだが、僕は行かない。

これは予定を表す表現ですね。未来のことなのに半過去を使っているので一見すると不思議な感じがしますが、予定の表現と考えれば納得がいくでしょう。今も有効な予定なら Demain, il y a un concert. です。過去にあった予定を述べるのなら、6）の表現で全く問題ありません。この場合、特に現在との対比で、現在はそうではないわけですから、過去のことを特に言及する意味があるわけです。コンサート自体はあるのですが、予定としてのコンサートはありません。Demain, il n'y a plus de concert à aller voir entendre.（聞きに行くべきコンサートはない）と言葉を補って考えるとよいでしょう。まさに現在の状況との対比ですね。

　なお、この課で挙げた半過去はいずれも時制的用法で、過去の意味が基になっていることも確認しておいてください。

28課 条件文の半過去

これまでみてきた時制的用法の半過去の特徴を復習してみましょう。半過去のスペース構成は、

1)

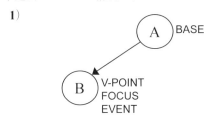

でしたね。さらに B のスペースの内実は、

2)

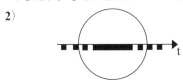

で、破線は文脈が許す限り実線として解釈せよ、ということでした。そして 23 課で述べた本質的な 3 つの性質は

3) **a.** 視点を過去におき、その時点で展開中の状態として出来事を描いていること

   b. その状態が現実の行為もしくはその影響としてスペース全体をみたしていること

   c. その状態がそのスペースを特徴付ける属性になっていること

でした。23 課の最後ではやや強引に、叙法的用法の半過去が使われた、

4) **S'il faisait beau, j'irais me promener dans la forêt.**

   晴れていれば森へ散歩しに行くんだけどなあ。

の si 節が作るスペースを、過去の拡張として 3) のすべてが満たされてい

るとしたのですが、4）は「今晴れていれば」と今のことを問題にしていますし、

5) S'il *faisait* beau demain, j'irais me promener dans la forêt.

　　明日ひょっとして晴れてくれたら森へ散歩しに行くんだけどなあ。

のように demain を加えて明日のことを問題にすることもできるので、過去とは全く関係がありません。5）は現在形と対立した関係にあって、

6) S'il *fait* beau demain, j'irai me promener dans la forêt.

　　明日晴れれば森へ散歩しに行きます。

と現在形にすれば、どちらかといえば晴れるだろうと思っている状況における仮定になり、5）のたぶん晴れないだろうと思っている状況における仮定とは異なります。ここにおける現在形と半過去の対立は現在と過去の対立ではなく、そうなる蓋然性が高いか低いかの対立になっているのです。何度も述べてきたように、叙法的用法である条件文の半過去には過去の意味はありません。「過去の意味の拡張」というのは、時間的な過去のスペースと si が作る仮定のスペースが似ていることから、過去のスペースを表す表現が、仮定のスペースも表すようになったという多義的拡張なのです。多義とは、もともとそのようなものです。英語の circle は元来「円」という意味ですが、円が回りを取り囲むイメージから「仲間」「サークル」という意味にまで拡張する多義語になっています。「仲間」の意味の中に形としての「円」の意味はもはやないでしょう。

　時制的用法と、主として条件文に現れる叙法的用法の意味的な類似性については、15 課で述べました。「今」とは異なった世界であるという遠方性と、その世界の出来事はすでに成立している「確定性」という 2 つの特徴が両者に共通しています。ここから時制的意味が叙法的意味にまで多義的な拡張をおこなったということでした。この拡張は、多義であるがゆえに、これまで挙げてきた性質を一部変更する必要が生じます。まず 1）ですが、B は過去ではないのですからこのスペースを A の左側に書くのは不適当です。私は次の 7）のように書くのが適切ではないかと考えます。

7)

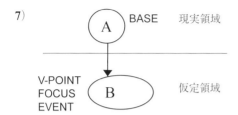

時間的に同じか未来ではあるが、現実とは異なる仮定の世界の中にあるスペースということです。4）も5）もスペース構成は全く同じです。現在も未来も、「過去でない」という共通の時間枠の中にくくられ、仮定内容はともに未確定の仮定領域にある B の中に書き込まれることになります。Bを右側まで広く取っているのは、未来も取り込んでいるという内容の現れです。6）は現在形ですから、現実領域と仮定領域を区別している線は消え、図の全体が現実領域の中におかれます。時制的用法の1）もしくは叙法的用法の7）が半過去のスペース構成ということになり、半過去は必ずこのどちらかであって、2つの意味を併せ持つことはありません。2）はどちらの場合にもあてはまるのですが、叙法的用法では実線か破線の区別は問題になりません。

8) Si vous *construisiez* une église sur ce lieu, votre fils recouvrerait la vue.

この地に教会を建てたら、汝の息子は視力を取り戻すであろうが。

2課の5）の例です。教会を建て始めて建て終わるまでのすべてのプロセスはこのスペースの中にあります。しかし、仮定領域ではそのプロセス全体を観念的にイメージしているだけですから、すべてが破線であるとも言えるのです。3)a は「過去」を「仮定世界」と読み替えればあてはまります。3)b は「現実の行為もしくはその影響」を「動詞概念の実現」と読み替えてください。観念的な実現で実線と破線の区別はありません。3)c ですが、si 節が作るスペースは、仮定条件を示すためにこそあるのですから、仮定

条件（たとえば 8 の場合では「この地に教会を建てること」）は、その影響がスペース全体を満たしますし、仮定スペースを特徴づける属性そのものなのです。

　時制的用法の半過去の場合、「しばしば今はそうではない」という含意をもたらすことがあります。J'habitais à Paris.（私はパリに住んでいた）と言えば、今は住んでいないと解釈するのが自然です。しかし、この「今はそうではない」という意味は、あくまでも含意であって半過去そのものの意味ではありません。しかし、叙法的用法の半過去が表す意味は「実際にはそうでない事態を想定する」ということです。従って si j'habitais à Paris と言えば、「実際には住んでいない」というのが半過去そのものの意味に含まれます。一般化して言いますと、「半過去が表現する事態 P に対し、その否定 ￢ P（not P と読みます。P の否定の意味です）が、話し手の現実である」ということになります。si P が作るスペースは、対応する現実と P の事態だけが異なった世界です。si j'étais riche... で作られた仮定の世界は P（私が金持ちであること）以外は現実と同じです。〈si ＋大過去〉で P が導入されたら ￢ P は過去の現実です。したがって反実の仮定になります。これに対し、s'il faisait beau demain のように未来のことですと、￢ P（ここでは天気がよくないこと）が話し手の現実ですが、未来のことなので、単に話し手が晴れないと思っているだけにすぎません。従って、si P の世界は「なさそうな」仮定の世界になるのです。しかし反実にせよ、蓋然性の低い仮定にせよ、叙法的用法の半過去そのものが表す意味は「話し手の現実と異なる P を仮定の世界で成立させる」で変わりません。P を過去、もしくは現在に対する仮定世界で成立させたら反実の仮定で、未来に対する仮定世界で成立させたら蓋然性の低い仮定です。

　si P が作る仮定領域といっても、P が半過去もしくは大過去の時にだけ成立する特別な領域で、仮定的だからといって、すべてこの領域の中に入るわけではありません。29 課で述べますが、￢ P が話し手の現実とは言えない仮定では、si のあとに現在形の他、複合過去や単純過去も現れます。

「（もし）Pならば、Qだろう」という条件文はかなり複雑な構造をしています。典型的な

1) **a. Si + P**（半過去）**, Q**（条件法現在）
 b. Si + P（大過去）**, Q**（条件法過去）

の形以外にもたくさんの組み合わせがあります。1)では、条件節の半過去・大過去も帰結節の条件法も、叙法的な用法で用いられています。このような用法は、自分がとらえている現実世界とは異なった世界を仮定し、推量する条件文だけにみられます。自分がPであるかどうか知らない、もしくは判断していない場合は、動詞も時制的用法になるため、過去の出来事は複合過去、状態は半過去という通常の使い方です。

2) **Si Marie *a tapé* la thèse de Paul, elle l'*aime*.**

　マリーがポールの博士論文をタイプしたのなら、彼を愛しているんだ。

話し手は、マリーがタイプしたかどうかについて、伝聞情報以上のことを知りません。しかし、タイプしていないとも思っていないわけです。「もし人が言うようにマリーがタイプしたのなら」ということですから、その仮定は現実について話す場合と同じ複合過去になっています。そして「それが本当ならマリーのポールへの思いは確実だ」と思っていますので、現在形で断言しているのです。日本語ならこの場合、ナラ条件文を用いるところで、タラやレバは用いにくいですね。ナラ条件文の仮定はPそのものではなく、Pと断言すること、です。「明日雨が［降ったら／降れば］大阪に行く」では、明日にならなければ、大阪に行くかどうかは決定できません。しかし「明日雨が降るなら大阪に行く」は天気予報で雨だと断言されて、その情報が正しいと判断できるなら、今から大阪に行ってもよいわけです。フランス語はこのような区別ではなく、話し手がPを現実と思っているか

否かだけが問題です。さて、2)のスペース構成を図示するなら、

3)

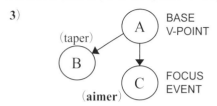

となり、a tapé で B の位置にあった EVENT と FOCUS は aime で C の位置に移ります。C が B の位置より下にきているのは、B よりもあとに作られるからです。この際、大切なのは、文の前半と後半で V-POINT の位置が変わらないということです。同じ V-POINT の位置から条件と結論が述べられて、条件文となります。これは 1)の形式をもつ反実の条件文でも同じです。

4）S'il *avait fait* beau hier, je *serais allé* me promener dans la forêt.

　　昨日晴れていたら、森に散歩に行っていたんだけれど。

4)は 1)b の形式をとり、過去の事実に反する仮定をする反実仮想条件文ですが、これを図示すると以下のようになります。

5)

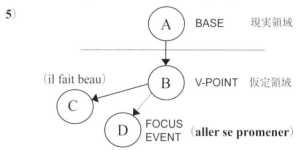

まず、avait fait の大過去に含まれる半過去の叙法的機能によって、仮定領域の中に B スペースが作られ、ここが V-POINT になります。FOCUS と EVENT は B から見た過去の位置 C です。11 課の 9)で示したように大過去で V-POINT が B にあるので C に FOCUS が移動できるのでしたね。そ

127

の後、serais allé で FOCUS と EVENT は D に移ります。D は条件法過去によって導入されており、未来の要素 r が含まれているのですが、5)には未来方向に向かう矢印はありません。これは条件法が完全に叙法的意味で使われているためで、私はそれを点線で表現しました。D は C からみた未来ですから矢印を C から D に向けて引けばよいようにも思えますが、D に用いる時制は B との関係によって決まっています。

6）Si j'*avais gagné* au loto, je *serais* riche.

　　ロトを当てていたら、金持ちになっているのに。

6)は1)a と1)b の混淆ですね。過去の事実と異なる事態を仮定し、現在の状態を推量しています。この帰結節が1)b のように条件法過去にならないのは、金持ちになっているというスペースが現在の状態の推量だからです。5)の図でいえば、D は B の真下に来るべきもので、B の位置からの時間関係で条件法現在になっていると言えます。さらにいささか作為的な例ですが、次のような形も可能なようです。

7）Si on *avait* eu une réponse un jour plus tard, on *aurait écrit* au préfet.

　　返事を受け取るのが一日後だったら、知事に手紙を書いていただろう。

7)は図示するとこうなります。

8）

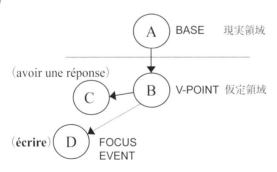

条件の「返事を受け取る」という事態が成立するスペースは C、そして結

論の「知事に手紙を書く」という事態が成立するスペースが D です。D の
ほうがあとから作られていますが、時間的には左側に、つまり C よりも前
になるのです。返事を一日後にならなくてはもらえないような状態なら督
促する手紙を知事に書いていただろうということですから、返事を受け取
る前に手紙を書くのです。ということは、D は C から未来形で指示する
ことはできません。あくまでも B から D に向けて推量する事態を語るの
で未来要素が叙法的意味として使われたのだと思われます。

　最後に叙法的意味が 2 つ重なった 4 課の 5) の例をみておきましょう。

**9）La semaine prochaine nous irons à Cerisy-la salle participer à un
colloque sur *L'Etranger*. Si Camus *avait été* avec nous, cela *aurait
enrichi* le débat.**

> 私たちは、来週スリズィ・ラ・サルに行って L'Etranger についてのシンポジウムに参加
> する。もしもカミュが出席するのだったら、意見交換が充実したものになったのだが。

（曽我 , 2015）

9) は未来の事実に反する仮定ですが、定石的な 1)a ではなく、1)b の形が用
いられています。これは「カミュが故人で、絶対に参加することはないけ
れど」という反実の意味をはっきり打ち出すために、叙法的意味の半過去
を 2 回重ねて用いた特殊な形です。現在や未来の内容に関して半過去で仮
定すると、「なさそう」という蓋然性の低い仮定にしかならないための苦肉
の表現ですね。図示すれば、以下のようにでもなるのでしょうか。大過去
が未来の反実の仮定を表すために用いられることもあるのです。

10）

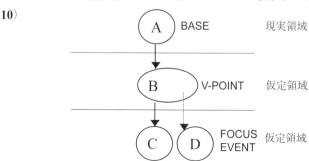

30課 条件法の叙法的用法

間接話法の中に出てくるような時制的用法としての条件法は、直説法過去未来、直説法過去前未来と呼んでもよいようなもので、特に注意すべきことはありません。単純未来と前未来を単に過去に移したものと考えればよいでしょう。

しかし文法用語としては、「条件法現在」「条件法過去」と呼ばれるように、叙法的用法が主たるもので、その働きを改めて確認しておく必要があります。このとき未来の要素の -r- はあくまでも叙法的意味である「不確定」を表すのに用いられ、未来の意味はありません。不確定の典型的な現れは「推量」です。21課の8)で紹介した J'*aurais attrapé* froid mardi en sortant du théâtre.（火曜日に芝居から出たとき、風邪をひいたらしい）が典型ですが、この用法は前未来にもあります。条件法として特に覚えておいていただきたいのは 15課の3)でも紹介した

1) **Ce *serait* samedi que le crime *aurait été commis*.**（FRANCE, *Orme*, 280）「犯罪が犯されたのは土曜日らしい」 （朝倉, 2002）

です。報道文などで見られる言い方で、情報源が他者であり、自分が確認した事実ではない、ということを示しています。条件法は〈-r-（未来要素）＋ 半過去〉から成っていますが、半過去の部分で過去における他者の視点をとり、さらに -r- が不確定を表すことから、このような用法が生まれたと思われます。これは条件法独自の用法で、前未来にはありません。

29課で述べたように、条件文の帰結節で用いられる条件法は純粋に叙法的な用法で未来の意味はありません。一般に語調緩和と呼ばれる丁寧な言い方は、条件文において条件を表す si 節が省略された形とみなすことができます。

2) **Je *voudrais* visiter le Louvre.**

　　　ルーヴル美術館を訪問したいのですが。

条件節を補うとすれば、si cela était possible（もしそれが可能ならば）ということでしょう。ただし、その成り立ちをひもとけば、かなり誇張された表現で、「現実には不可能だけれど、もし可能であれば〜したいと思うでしょう」という意味からできあがってきたものだと言うことができます。本人は現実に不可能だとは思ってはいないのですが、言葉の上だけは非現実のように表現して丁寧さを出しているのです。vouloir の場合は、半過去形を使って Je voulais としても、意味はあまり変わりません。半過去の場合は、「過去にはそう欲していたけれど、今は場合によってはその望みをキャンセルしてもよいですよ」と言葉の上では述べて、丁寧さを出しているのです。もっとも現在は表現として確立していますので、Je voudrais や J'aimerais は「〜したいのですが」と丁寧に述べる表現として覚えておいて、そのように使うのがよいと思います。ただし、Je voudrais の代わりに Je voulais を用いることはできますが、J'aimerais の変わりに J'aimais を用いて、同じような内容を伝えることはできません。これは vouloir と aimer という動詞の意味に関わる違いだと思います。vouloir は「欲する」という意味で、過去にあることをしたかったという気持ちをキャンセルすることはそんなに不自然なことではありません。しかし aimer は「好ましく思う」ということで、過去に好ましく思っていたことを急に好ましくなく思うように気持ちを変えるというのは不自然でしょう。これに対し、ある条件が整って、もし可能な状態になれば何かをしたいと思ったり、何かをすることを好ましく思ったりすることはできるわけです。慣用表現ですが、条件法になっている背景にはこんな理由もあることを頭の片隅に入れておいてください。この用法として覚えるべき表現はだいたい決まっています。Je voudrais や J'aimerais の他に Je désirais もほぼ同じような意味で用いられます。また丁寧な依頼として Voudriez-vous … ? や Pourriez-vous … ? が「〜していただけませんでしょうか」の意味で使われます。次の3) の aurait dû も「あの時、本来ならば」という意味の si を省略した条件文です。

3）**Tu *aurais dû* me dire la vérité.**

　　私に本当のことを話すべきだったんだよ。

これらも「不確定」の意味でくくることができますが、一般的には「語調緩和の用法」や「婉曲の用法」と言われることはすでに述べました。

　ただし、この si を省略した条件文の形は注意が必要です。2）のような語調緩和の場合、話し手が言いたい内容は、条件法現在を普通の現在形に置き換えた

4）**Je veux visiter le Louvre.**

　　ルーヴル美術館を訪問したい。

と同じです。しかし、典型的な条件文

5）**S'il faisait beau, j'*irais* me promener dans la forêt.**

　　晴れていれば、森に散歩に行くんだけれど。

が実際に表現している内容は

6）**Comme il fait mauvais, je ne vais pas me promener dans la forêt.**

　　晴れていないので、森に散歩には行かない。

です。5）は、実際には6）を伝えるために用いられることもあります。森への散歩に誘われていたけど、行きたくなくて婉曲に断るという場合です。つまり、「j'irais は否定の je ne vais pas を意図している場合がある」ということは注意しておかなくてはなりません。条件法の叙法的用法もこれまで挙げた1）から3）は、どれも条件法で表現した内容と同じ内容を意図したものですし、5）も実際は「行きたい」という方向でも受け止められるせいか、この否定の含意は上級者でもしばしば誤って解釈してしまうようです。西村牧夫氏の「条件法は（ほとんど）半過去である」という論文は、実際の翻訳などに現れたその種の誤読の例をたくさん集めていますので、興味のある方はご一読ください。ここではそのうちのいくつかの例を紹介しておきます。

　まず、否定を意図した5）のパターンの例です。

7）〔異国のバーでうまく注文できない人に通訳をしてあげた後で〕**Mais je me**

retire, monsieur, heureux de vous avoir obligé. Je vous remercie et j'*accepterais* si j'étais sûr de ne pas jouer les fâcheux.

では失礼します。お役に立って結構でした。これはどうも恐縮です、<u>お受けしましょう、お邪魔でなければ</u>。

(西村 , 2003)

正しくは「お邪魔でなければお受けしたのですが……」という断りの表現です。これは si 節が実際にありますから、注意すれば間違いを避けられたかもしれません。しかし次の例はどうでしょう。

8） – C'est délicieux ! -- Vous permettez ?（Il goûte.）Vous avez raison, mais la mayonnaise *pourrait être* meilleure !

「わぁ、おいしい！」「ちょっともらっていいですか？ おっしゃる通りですね。でも、<u>マヨネーズのほうがおいしいかもしれない</u>」

(西村 , 2003)

どこが間違いだかわかりますか。8）は反実を導入する si がありませんからかなり間違えやすいのですが、言いたいことはこの内容の逆、つまり la mayonnaise n'est pas meilleure. ということです。「マヨネーズはもっとおいしくできたんじゃないのかなあ」ですね。省略されている si の内容は「その気になれば」とか「うまくやれば」というようなことでしょう。帰結節だけしかありませんが、条件節は容易に補うことができます。このように「否定の意味を匂わせる」ということは、反実仮想という条件文の性質を考えれば、簡単に納得できることがらだと思います。このときの条件法は〈-r-（未来要素）＋ 半過去〉ですが、どちらも叙法的な用法で、-r- に未来の意味はありませんし、ここに含まれる半過去形も過去の意味はありません。現実は la mayonnaise n'est pas bonne. ですが、反実の仮定世界なら la mayonnaise *pourrait être* meilleure ということなのです。条件法と未来はおうおうにして反対の意味になることがありますから、Il a dit qu'il *viendrait*. は曖昧です。未来形の je viendrai も条件法の je viendrais も、間接話法では qu'il viendrait ですから、「彼は来ると言った」の意味にも、「彼は来たいんだけど（来れない）と言った」の意味にもなりうるわけです。

間一髪の半過去

3課で取り上げた半過去形のいろいろな用法のうち、残っているのは6）の「遊戯の半過去」と7）の「間一髪の半過去」です。もう一度見てみましょう。

1）遊戯の半過去（imparfait ludique）

Tu *étais* la reine et moi, j'*étais* le roi.　　　（Berthonneau & Kleiber, 1994）

君はお后様、僕は王様さ。

2）間一髪の半過去（imparfait d'imminence contrecarrée）

Une minute de plus, le train *déraillait*.　　　（Riegel et al, 1994）

あと1分で列車は脱線していた。

どちらも、現実と異なることを述べていますので、叙法的用法のように見えます。どちらかの用法で用いられるのであって、両方が重なることは決してありません。実際、叙法的用法では、半過去の場合は現在の事実の否定、大過去の場合は過去の事実の否定というように、時制的用法とは異なった時間的価値を持っていますから、2つの用法を併せ持つことはできないわけです。

さて、1）、2）の半過去ですが、1）は Tu n'es pas la reine. と Je ne suis pas le roi. が、2）は Le train n'a pas déraillé. がそれぞれ話し手の現実の中に登録されています。しかし、問題にしている時間を考えてみますと、1）のお后様と王様の世界は今現在に対する反実世界で、半過去との対応はあいます。ところが、2）は過去における反実の状況ですから、仮定を表現するなら大過去でなくてはならないはずです。条件法を使って表現する場合も、2）とほぼ同じ意味になるのは複合形である条件法過去であって、条件法現在ではありません。

3）Une minute de plus, le train *aurait déraillé*.

です。3) が「列車は脱線していただろう」という推量の意味が強いのに対し、2) は「列車は脱線した」という現実感、切迫感が非常に強くでるという違いがあります。ちょうど日本語の「あと 1 分で列車は脱線していただろう」と「あと 1 分で列車は脱線した」の違いと同じようなものだと考えてください。後者も非現実のことを述べていますが、ずっと現実的な感じがしますよね。

　こうしてみてくると、1) は叙法的用法、2) は時制的用法なのだと結論づけることができます。1) が叙法的用法であることがわかれば、そのしくみは 28 課で述べたことがあてはまりますので、それ以上の説明は不要でしょう。叙法的用法はこの「遊戯の半過去」と si に導かれた条件文の半過去、さらにそのバリエーションである comme si のあとの半過去に限られます。

4) Tu parles comme si tu _étais_ plus âgé que lui.

　　　君はまるで彼より年上であるかのように話すね。

この例でも tu n'es pas plus âgé que lui. が話し手の現実スペースに登録されています。

　さて、問題は 2) の「間一髪の半過去」です。これが時制的用法であるとすると、2 つの謎が残ります。ひとつ目は、どうして複合過去や単純過去でないのかということです。dérailler（脱線する）というのは瞬間的な動作ですから une minute de plus で導入されるスペース内に始まりも終わりも収まるはずです。なぜ半過去なのでしょうか。2 つ目は、なぜ非現実の事態を表すのかということです。

　まずひとつ目の問題ですが、これは条件文や「語りの半過去」（26 課）と同じように考えることができます。une minute de plus はまさにこの脱線の出来事を述べるために存在しているスペースで、déraillait という半過去で表す脱線の出来事が「スペースを特徴づける属性」と呼ぶにふさわしい内容だからです。

　2 つ目のなぜ非現実を表すのかという問題は、主に 2 つの説明が可能で

す。ひとつは 23 課の 5）などで挙げた「試みの半過去」と同じであるとするものです。

5）Je le trouvais chez lui : il *sortait*. （渡邊, 2014）

私は彼の自宅で彼に会えた。彼は出かけようとしていた。

5）はまさに「〜しようとしていた」という半過去の未完了の性質が色濃くでています。実際、「間一髪の半過去」はこの 5）と同じ用法なのだと説明する研究者も何人かいます。ただ、私は賛成しません。それにはいくつかの理由があります。

第一の理由は、5）には「何分後」などの事態が成立するはずのスペースを導入する表現が不要ですが、2）では不可欠です。

6）Heureusement que la cavalerie est arrivée. Une minute de plus, Lucky Luke *était* prisonnier des Indiens.

（Berthonneau et Kleiber 2003 in 渡邊, 2014）

幸い騎兵隊がやってきた。あと 1 分で、リュッキー・リュークはインディアンの捕虜になっていたところだ。

この文から une minute de plus を取り除くと、実際に捕虜になったということになります。5）にこの種の副詞句が必要ないのは、FOCUS スペースが前の文の FOCUS と同じで、その現実の事態こそが、「出かけようとしていた」状態に他ならないからです。しかしそれを言うなら、6）も全く同じで、騎兵隊がやってきたときの状態が、捕虜になろうとしていた状態と同じです。ここでわざわざ une minute de plus というスペースを導入するのは、そのスペースが現実と異なるスペースで、その架空のスペースの中では実際に捕虜になっている状態を表現し、その状態と現実の捕虜になっていない状態とが対比の関係にある、ということではないでしょうか。この副詞句で導入するスペースは、直後とは限りません。une minute de moins（あと 1 分早ければ）のような前でもよければ、un kilo de moins（あと 1 キロ少なければ）のような状況のこともあって、語られている内容がその直後とは必ずしも言えないのです。これが第一の理由です。

　第二の理由は、5）のようになる動詞の種類は sortir や partir など、瞬間的に行為が成立するものに限られます。それに対し「間一髪の半過去」は6）のように être であってもよいのです。5）の il sortait を il était dans la voiture にかえると、「彼は車の中にいた」という現実解釈にしかならず、「もう少しで車に乗っているところだった」の意味にはなりません。さらに

7）Un peu plus, il *était mort*.

　　　もうちょっとで彼は死んでいた。

8）Une minute de plus, le train *avait déraillé*.

　　　あと 1 分で、列車は脱線してしまっていた。

のような大過去の例もあります。複合形は完了を表すためのものですから、大過去形の例を未完了で説明するのは無理でしょう。

　以上の理由で、「間一髪の半過去」を 5）のような半過去に引きつけて考えるべきではないと思います。むしろ、予定のように、確実にそうなるということを表す現在形の過去バージョンと考えられないでしょうか。

9）Le train *arrive* à 10 heures.

　　　列車は 10 時に到着する。

未来に確実に起こるということを表現する場合、現在形を用います。完了状態であれば、複合過去を用います。

10）Si vous avancez, vous *êtes* mort.

　　　　　前に出ると、命はありませんよ。

10）は si vous avancez の代わりに un peu plus でも成立します。それが過去になったものが7）と考えられます。副詞句でつくられた過去のスペースで確実に成立する事態を表すのが「間一髪の半過去」なのです。Sans vous, je m'ennuyais. は「あなたがいなければ退屈していた」の意味にも、「あなたがいなかったので退屈していた」の意味にもとれますが、2 つの解釈は置かれるスペースが異なるだけで、je m'ennuyais 自体が表している内容は全く同じです。

32課 半過去と英語・日本語

　最後に、半過去と日本語や英語の表現を比較してみましょう。取り上げる謎はすでに３課で挙げてあります。半過去形に対応する表現は日本語ではテイタ形、英語では過去進行形です。

1）a. **Il** *jouait* **au tennis.**

　　b. **He** *was playing* **tennis.**

　　c. 彼はテニスを<u>していた</u>。

しかし、1）を現在形にしてみるとどうなりますか。

2）a. **Il** *joue* **au tennis.**

　　b. **He** *is playing* **tennis.**

　　c. 彼はテニスを<u>している</u>。

ですよね。半過去が対応するのは基本の現在形そのものであるのに対して、英語は現在進行形、日本語はテイル形で、基本の形をひとひねりしたものです。では基本形そのものに対応関係はないのかというと、

3）a. **Il** *joue* **au tennis.**

　　b. **He** *plays* **tennis.**

　　c. 彼はテニスを<u>する</u>。

ですから、これはこれで同じ意味を表しているわけです。文脈によって3）はいろいろな意味になりますが、基本的には「習慣的にテニスをする」ということで、プレー中であることを表す場合は、英語や日本語では2）のように、進行形やテイル形という特別な形に加工しなければなりません。フランス語では、3）の基本形のまま、2）の意味も表すことができる、ということになります。ですので、1)a も「習慣的にテニスをしていた」という意味と、「そのときテニスをプレー中だった」という意味の両方を表し得るわけです。

　このように、フランス語の半過去形と、英語の進行形・日本語のテイル

形の大きな違いは、半過去が基本形であるのに対し、英語や日本語は基本形にプラスアルファの意味を加えた派生形であるということにあります。半過去は時制形ですから、すべての動詞は半過去に置くことができます。しかし英語や日本語はそうではありません。英語の場合、プラスアルファの操作は動作を進行中の状態としてとらえるということです。もともと状態を表している動詞の場合はその必要はなく、進行形というのはありません。like や love, hear や see あるいは know のようにそのような状態にあることを表現する動詞は基本的には進行形にできず、進行形にしたら特別な意味に解釈しなくてはなりません。Elle connaissait Marc. は She knew Marc. であって、わざわざ She was knowing Marc. とすると、「知りつつあった」ということで「Marc のよさを徐々に認めるようになってきていた」のような意味が加わるわけです。He was seeing her. は「彼女を見つめていた」のではなく、「彼女に診察してもらっていた」というように、行為の意味で解釈しなくてはなりません。Il habitait en France. もただ単に「フランスに住んでいた」という状態を表していて、He lived in France. で十分でしょう。文脈によっては He was living in France. のほうがぴったりくるかもしれません。進行形ではプラスアルファで、その当時、一時的にフランスに住んでいたというようなニュアンスが加わるわけです。

　日本語のテイル形は、英語の進行形ほど動詞の制約は厳しくありません。日本語には動詞文と形容詞文という区別があって、動詞も形容詞も述語になることができます。「彼は優しい」のように典型的に状態を表す内容は形容詞述語で表現します。動詞述語の場合は動作を表すのが基本で、「知っている」や「聞こえている」のように、ほとんどの動詞はテイル形にすることができます。しかし、「彼は学生である」のような「ある」「いる」はテイル形がありませんし、形容詞文も同様です。

4）a. Il *était* gentil.

　　b. He *was* kind.

　　c. 彼は優し<u>かった</u>。

こうして並べてみると、était はあくまでも基本形であって、動詞の解釈を特別な意味に制限しているわけではない、ということがよくわかると思います。英語で was being は一時的にそんなふうに振る舞っていたという特別な意味になりますが、単なる was にそのような意味はありません。フランス語の était も同じです。

　こんなわけで、半過去のはたらきの範囲は過去進行形やテイタ形よりはるかに広く、英語の進行形はほとんど半過去で訳すことができますが、その逆はできないのが普通です。例外は 3 課の 8）です。再掲しますと

5）a. ˣ Il *lisait* un livre de 9 heures à 11 heures.
　　b. He *was reading* a book from 9 a.m. to 11 a.m.
　　c. 彼は 9 時から 11 時まで本を<u>読んでいた</u>。

ですが、これは半過去の性質によります。もうおわかりだと思いますが、複合過去と半過去の差は 23 課で挙げたように、

6）

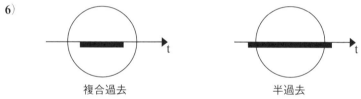

複合過去　　　　　　　　半過去

でした。半過去の表す内容は基本的に状態であり、スペース全体を満たすものです。de 9 heures à 11 heures という表現は状態を区切るものであり、

7）

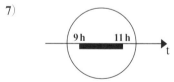

のようになって、複合過去の図式にあてはまります。24 課の 5）「期間や回数などをはっきりと示す表現があるときには、複合過去を用いる」を思い出してください。日本語や英語にはこのような制約はなく、進行中の状態であれば、進行形やテイル形で表現できます。ただし、これが尋問の場合

ですと話が異なります。

8）– Qu'est-ce que vous avez fait de 9 heures à 11 heures ?

　　– De 9 heures à 11 heures ? Je *lisais* un livre.

「9時から11時まで何をしていましたか？」「9時から11時ですか？ 本を読んでいました」

この場合、読み始めたのが9時で読み終わったのが11時ではありません。あくまでも読んでいる途中です。したがって図示すれば、

9）

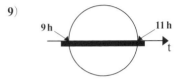

となり、6）の半過去の図式にぴったりあてはまるわけです。

　日本語のテイタ形についても補足します。テイル形は、動詞の表す事態を動作の開始時点もしくは終了時点以降の状態として表すものです。継続することの可能な動作は「走っている」のように走り始めた時点よりあとの状態を表しますが、「着いている」のように一瞬で終わる動作ですと、終了時以降の結果状態を表すのが普通です。「沈んでいる」は「潜水艦は今沈んでいる」のように進行中（開始点以降）のこともあれば、「難破船は海の底に沈んでいる」のように結果状態（終了時点以降）のこともあります。半過去に対応するのは、継続の意味を表すテイタ形です。結果状態を表すテイタ形は動作の結果状態（終了時点以降の状態）がそこに存在していたという意味ですから、大過去になるのです。

10）駅に着いたとき、列車はすでに出ていた。

　　Quand je suis arrivé à la gare, le train *était* déjà *parti*.

「出る」というのが瞬間的な動作なので、出終わっていた状態がそこに存在していたということなので、大過去がぴったりですね。

翻訳フランス語のすすめ

　会話の練習に映画は欠かせないのですが、書く練習にはフランス文の暗記のような訓練が大切です。ただ、どんな文を覚えるかとなると、人によって勧める文章は違うことでしょう。

　私は留学時代に、『アンネの日記』のフランス語版を毎日 10 行前後覚えることを日課にしていました。そもそも原文はオランダ語ですし、しかも思春期の少女の書いた日記の翻訳がどうして練習の模範となるフランス語になると思われることでしょう。私が読んでいて「いい文章だな」と思ったのが一番の理由ですが、それに加えて、翻訳されたフランス語というのは、癖のない、標準的なものだからです。一方、作家などプロの物書きが書いた文章は独特の文体があって、書いた本人にしか出せない味があります。

　私たち外国人に求められる文章は、素直でわかりやすく、衒（てら）いの少ない文章です。そのために、翻訳されたフランス語というのはひとつの候補だと思います。そもそも翻訳文というのは独特の特徴があって、日本語の場合もテヲダワ言葉とされる、どことなく上品な響きのある女性言葉も、もともとは翻訳小説で使われた西洋の女性のための話し言葉の文体から来ているそうです（中村桃子『女ことばと日本語』岩波新書）。今でも女性の話し言葉は、たとえ 13 歳の少女でも女言葉を使って翻訳されるようですが、現実にそのような話し方をする女性は極めてまれでしょう。つまり翻訳文というのは実際に使われている言葉とは必ずしも同じではありません。作られた言葉なのですが、ひとつの理想化された形であり、外国人がまず覚えるべきひとつのパターンであるとも考えられます。会話文でも、現実の会話は文法の教科書にあるものとは少し違います。それでもとりあえず規範的な形として教科書の文を覚える――それと似たようなプロセスが翻訳フランス語の文体を模倣するという作業にもあるのです。

第 5 章
日本語や英語からみたフランス語の時制

最終章では、フランス語という枠を離れて、日本語や英語とフランス語を比較してみたいと思います。本書で用いたスペース理論はフランス語だけのものではなく、言語にとらわれず時制のしくみを明らかにするための考え方です。このような共通の装置を使って、そもそもフランス語は日本語や英語と比較してどのような特徴があるのか、ということを明らかにしていきたいと思います。「どうしてフランス語に時制が多いのか」という問いは、他の言語と比較した上でないと答えられません。この章では特に時制という枠からもはずれて、より広い視点から言語全体を見つめてみます。この考察を通じて、フランス語に限らず「ことば」という世界のおもしろさに思いをはせていただけたらと思います。

33課 日本語の視点、フランス語の視点

　13課で取り上げた例文を、今回は日本語と比較してみましょう。

1) **a. Paul <u>a dit</u> (B) qu'il <u>rendrait</u> (C) le livre dès qu'il l'<u>aurait lu</u> (D) .**

　　b. ポールは、本は<u>読んだ</u> (D) ら<u>返す</u> (C) よ、と<u>言った</u> (B)。

それぞれの動詞のあとに、その動詞で描かれた出来事が登録される
EVENT スペースを記しておきました。1)a の文は、最後の aurait lu のス
ペース構成は、

2)

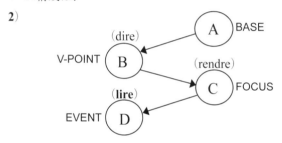

のようになるのでしたね。さらに、この 2) の形はいきなりできるのではな
く、最初は A の位置にすべてのスペースが集まっていたのに、話の展開に
したがって、A → B → C → D というように EVENT やそれ以外のスペー
スが移っていってこのようになります。この図からもわかるのですが、フ
ランス語の場合、

3) BASE は最初の V-POINT であり、あらかじめ与えられるスペースで
　　ある。

ということが確認できます。このことはわざわざ確認するまでもなく、4
つのスペースの概念を理解できた人なら、はじめからそのようなものだと
暗黙のうちに受け入れていたのではないでしょうか。

　この課は「日本語はそうではないのだ」ということに主眼がありま

す。まず 1) について、フランス語では BASE である A から出発し、A → B → C → D の順でスペースが作られていきます。印をつけてみるとわかりますが、1) b のように、日本語は D → C → B のように全く逆の順序でスペースがでてきていますね。そうすると、A の BASE も最後に出てくるのではないか、という気がしてきます。実際 D に書き込まれる「本を読んだ」というタ形で語られた出来事は、これだけでは過去のことなのか未来のことなのかわからないのです。もちろん、

4) この本を読んだ。

と、ここで文を止めれば過去形になりますが、タラ条件文にして続けると

5) **a.** この本を読んだ _(D) ら、<u>返します</u> _(C)。

　　b. この本を読んだ _(D) ら、時制のしくみがよく<u>わかりました</u> _(C)。

となり、前半はどちらも全く同じ形をしています。しかし、「読む」という出来事が成立するスペース D は、5)a では、次に続く C の「返します」が未来のことなので未来、5)b では、C の「わかりました」が過去のことなので過去です。つまり、最後で言い切りの形になって初めて、BASE の位置が定まり、そこから逆算して前のスペースの位置も定まるのです。5)において変わらないのは D と C の位置関係です。どちらも C から見て D が過去の位置にあります。この関係こそが、「読んだ」のタ形が示している関係に他なりません。図示すると

6)

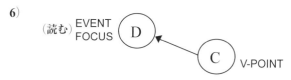

のようになっているのではないでしょうか。この関係は 4) の場合も変わりません。4) はそこで文が終わっているので、その V-POINT の位置がBASE になっているだけなのです。

　フランス語との違いは明らかですね。フランス語ではまず 4 つの基本スペースがあって、そこから EVENT と FOCUS が遊離する形で話が展開

しました。そしてその遊離したFOCUSの位置にV-POINTが移り、そこからさらにFOCUSやEVENTが遊離していきます。しかし、日本語では遊離していくのはV-POINTのほうで、5)でも、「読んだ」の段階でCは単なるV-POINTにすぎず、ここには何も書き込まれていません。しかし、次の段階でこの遊離したV-POINTの位置にEVENTとFOCUSが移っていくのです。5)aにおける「返す」ですが、この事態はCに書き込まれます。このとき動詞の形がル形（同時か未来を表す）なので、今度は新しくCの左側にV-POINTが移ります。

7)

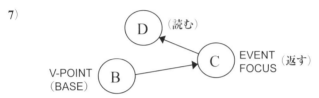

このBとCの関係こそが、ル形に対応するスペース構成です。ここでも、形の上ではBASEの位置に関していかなる指定もしていません。ただ、5)aのようにここで言い切りになれば、このV-POINTの位置BがBASEになるだけです。5)bでは、Cにおかれた「わかりました」がタ形ですから、Bの位置はCの右下におかれ、そこがV-POINT、さらに言い切りなのでBASEとなります。

8)

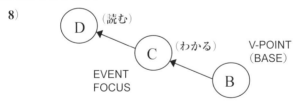

8)のBとCの関係が6)と同じであることを確認してください。

　さて、5)aが言い切りにならず、さらに続けていったのが1)bです。5)aの構成は7)でしたから、そのBの位置にEVENTが移っていったのが1)bです。Bにおかれる出来事の「言った」はタ形で示されていますから、

146

9)

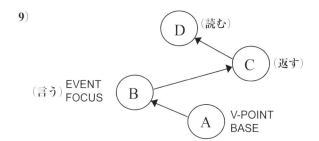

のように B の右に A が作られ、そこに V-POINT が移り、ここが最後の V-POINT なので BASE にもなるのです。この9)と2)を比較してみると、日本語とフランス語の違いがはっきりするのではないでしょうか。同じ内容を語っているのですから、スペース相互の位置関係は変わりません。しかし、出現順序が全く逆です。3) の規則も日本語にはあてはまりません。日本語で3)に相当するのは、

10) BASE は最後の V-POINT である。

であって、フランス語とは全く逆です。さらに2)では BASE から一番遠い D もちゃんと BASE を起点にして A → B → C → D のように BASE からの位置関係がたどれるようになっているのに対し、対応する「読んだ」のタ形は D と C の関係しか示していませんし、9) は「言った」のときのスペース構成で B と A しか関与していません。

　フランス語でも英語でも時制が表しているのは BASE からみた EVENT の位置関係です。日本語における時制の印はあえて言えばタ形とル形なのですが、それが英語やフランス語と同じような時制を表すのは終止形で文を終えたときだけで、そのときにタ形が過去形、ル形が現在形（もしくは未来形）と言うことができるわけです。5) のようなタラ条件文や「〜したとき」のように従属節の中に現れるル形やタ形は主節からの時間関係を示す「相対時制」、主節に出てくるタ形やル形を「絶対時制」と読んで区別することもありますが、タ形の価値そのものは主節も従属節も 6) で変わらず、時制のしくみそのものが日本語は英語やフランス語と違っているのです。

34課 視点からみた時制

　33課でみたスペースによる時制記述を、最も単純な形で比較してみましょう。

1）a. Paul *est allé* à l'école.

　　　b. ポールは学校に<u>行った</u>。

どちらも全く同じ過去形ですが、スペースのできかたは異なっています。フランス語の場合、最初の出発点は BASE を中心としてすべてが集約されたスペース A ですが、そこから新たなスペース B が左方向（過去）に作られて、そこに EVENT と FOCUS が移り、「Paul-aller」という出来事が書き込まれます。

2）

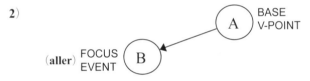

このとき、最初に与えられているのが BASE と V-POINT です。話し手のいる位置を基準にして、ここに視点をおいて出来事を語る、というごく自然な構造ですね。B に EVENT と FOCUS が移る、という言い方をしましたが、新たなスペース B が作られて、そこが EVENT と FOCUS になると考えても構いません。大切なのは最初の V-POINT が BASE の位置にあり、そこが出発点になっているということです。

　ところが日本語の場合、出発点になるのは B で、ここに最初の V-POINT があって、その位置に EVENT と FOCUS が置かれ、断定が終わるたびに、V-POINT が移動していく、と考えたほうがよいのです。フランス語は、Paul est allé の段階で（つまり、どこへ行くかを表す前に）、その出来事の位置が定まってしまいます。つまり A から B がまず作られ、

その B の中に出来事が書き込まれる感じです。これに対し日本語は最後にル形かタ形かが選択される以前に、「ポールは学校に行（く）」と出来事の中身がすべて語られてしまいます。文を連用形で続けていく場合も同じで、「ポールは学校に行き、授業を受けて、食事をして…」と続けていくと、それぞれの出来事の中身はかなりはっきりとスペースの中に書き込まれていくのではないでしょうか。最後になって「帰る」と結べば、それぞれの出来事は未来のことになり、「帰った」と結べば過去のことになります。つまり、日本語では EVENT の中にまず出来事が書き込まれ、最後になってそれをどこから見ているのかという V-POINT の位置がわかる、という構造になっているのです。最初に B の EVENT があって、A の V-POINT の位置はそのあとに定められるという順番です。スペースは、できていく順に上から下へ向かうことにすると、1）b の「行った」は

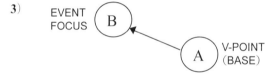

のように書かれるわけです。あとからできた A から見て B は過去ですから左側にあり、A から B を見ているのですから、矢印も下から上へ向かって示されることになります。

　私はこの 3）の形を「V-POINT が B から A に移動した」と表現しました。B から A ができて、そこが V-POINT となると考えてもよいのですが、B から移動したと考えたのには理由があります。まず、どのような出来事でも、それを述べるためには必ず視点の存在が不可欠であり、中立的な視点が、始めは EVENT 位置にあったと考えてもおかしくありません。特に「ポールは学校に行き、授業を受けて…」と続く場合は、イメージが明確に定まっていくだけに、内部の V-POINT の存在が自然に感じられます。そして、いったん 3）の形ができあがったのち、さらに文を続けていくと、その次の出来事は V-POINT の位置に置かれる場合が多い

149

のです。33 課の 1) b の例で、動詞が出てくるたびに EVENT が前の動詞の V-POINT の位置に移動していったことを思い出してください。つまり、V-POINT の位置に EVENT が移動する、という法則を日本語では立てることができるのです。すると最初に使われる場合も、EVENT となる位置に V-POINT があったと考えるのが自然でしょう。

このように日本語とフランス語を比べた場合、最初の V-POINT の位置が、フランス語では BASE にあるのに対し、日本語では EVENT にある、ということができます。別な言い方をすると、フランス語は話し手の位置（BASE）に視点（V-POINT）をおいて、出来事（EVENT）を外から眺めて述べるのに対し、日本語は出来事（EVENT）の側に視点（V-POINT）をおいて、出来事をその内側から述べるのだ、ということです。この「外から描くフランス語」と「内から描く日本語」という対比は 35 課以降でくわしく述べますが、このような違いがあることをしっかりと覚えておいてください。

日本語のもうひとつの特徴は 33 課でも述べた

4) BASE は最後の V-POINT である。

ということです。日本語の BASE はフランス語のように、絶対的な基準点として君臨しているわけではありません。文の途中であれば、ル形を使おうとタ形を使おうと、BASE からの位置関係はわかりません。

5) 駅に着いたら電話してください。

「着いたら」の中にタ形が含まれていますが、このタ形は BASE からみた過去ではなく、次の「電話をする」スペースからみた過去を示しているにすぎません。タ形が表している内容はあくまでも 3) であり、次の「電話をする」がこのときの V-POINT である A に書き込まれることになりますが、「電話してください」が現在形なので未だ実現していない事態を表現し、前のタ形におかれている「着く」もまだ実現していないと解釈されることになります。このように、従属節として前に出てきたル形やタ形は次の出来事との時間関係のみを示すのですが、最後に言い切りになる動詞の

V-POINT が BASE になり、そこからさかのぼることによって各スペースの位置関係がたどれるようになっているのです。

　フランス語では、従属節の中にあっても動詞の時制は BASE からの位置関係で示されます。5) のフランス語は

6）Appelez-moi quand vous *serez arrivé* à la gare.

であり、きちんと未来であることが示されています。日本語を学習する外国人にとって、従属節の時制形式が BASE からの時間関係を必ずしも示さないということはしばしば躓（つまず）きの石になるようです。たとえば、

7）この鞄は日本に行ったとき、母が買ってくれました。

を、しばしば「日本に行くとき」の意味で使用することがあるそうです。日本に行ったのは過去のことだからタ形を使う、と誤って考えたわけです。確かにフランス語で達意の文を作ろうとすると

8）Ma mère m'a acheté ce sac au moment où je *partais* pour le Japon.

のようになり、過去形になります。あくまで BASE を基準にして表現しなくてはならないからです。しかし、日本語では「行く」という出来事と「買う」という次の出来事の時間関係だけが問題ですから、「行く」が「買う」に比べて未来の位置にあれば、「日本に行くとき」のようにル形で表現しなくてはなりません。

　日本語のル形を現在形、タ形を過去形と呼ぶことは、英語やフランス語との比較を行う場合に有益です。ただし、その「現在」や「過去」が表しているのは BASE からの位置関係ではない、ということを忘れてはなりません。主文で用いられ、そこで言い切りになった場合だけ、ル形やタ形は英語やフランス語と同じ意味での現在形や過去形たり得るのです。時制を BASE からの時間関係を示す印と定義するなら、日本語の場合、その定義にあてはまるのは主文に現れたル形やタ形のみとなります。しかし、ル形やタ形が示しているものは主節でも従属節でも変わらないので、時制の定義のほうを変えるべきでしょう。

　34課までの説明で、日本語は V-POINT の位置に出来事が書き込まれ、動詞が使われるたびに V-POINT が新しいスペースに移動していく、ということがおわかりいただけたと思います。そのため、EVENT より下の位置に V-POINT が書かれ、下から上に向かって矢印が描かれることになります。

　この課では、日本語の時制について少しくわしくみていきましょう。本書では「時制」を V-POINT と EVENT の時間関係を表すしくみと定義しています。英語やフランス語の時制だけなら、BASE からみた EVENT の時間関係を表すしくみと定義してもよいのですが、日本語のル形とタ形は BASE との位置関係を示す記号ではないからです。他方、英語やフランス語でも V-POINT は BASE にあるか、そこからひとつだけ過去にずれた位置にしかありません。BASE から EVENT の位置を定めているあらゆる時制は部分的に必ず V-POINT と EVENT の位置関係を示しますから、こう定義しておけば、日本語のル形タ形と、英語やフランス語のあらゆる時制形式を「時制」という共通の名称を使って議論できることになるのです。

　日本語では「～しそうでなかったかもしれなかっただろう」のように助動詞をいくらでも長く続けることができますが、時制を表す記号はル形とタ形の2つだけです。これに補助的なテイル形の形を加えてもスル、シテイル、シタ、シテイタの4つしかありません。どうしてこれだけ少ない数で足りるのかというと、33課の例で示したように、フランス語では BASE から EVENT までの経路がすべて示されなければならないのに対し、日本語ではその直後の出来事との位置関係を示すだけで十分だからです。

1）a. Paul a dit qu'il rendrait le livre dès qu'il l'*aurait lu.*

　　b. ポールは、本は<u>読んだ</u>ら返すよ、と言った。

この aurait lu と「読んだ」を比較してください。フランス語の場合、lire は BASE からみると、過去の未来完了なのです。一方、日本語は「読む」の次の「返す」時点で、読む行為が過去になっていることを示すだけで十分なので、タ形ひとつですんでいるのです。

　タ形の構造は

2)

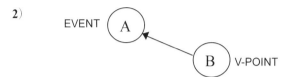

EVENT　Ａ

Ｂ　V-POINT

（EVENT を時間的に前とするような位置に V-POINT が移動する）

です。何度も述べているように BASE はそこで文が終わるという段階で最後の V-POINT の位置に設定されるので、タ形そのものの意味には関わりません。また FOCUS もフランス語の複合過去と同じように、文脈によってＡもしくはＢに置かれるようになっていると思われます。

　3) 私は 1960 年に生まれた。

のように完全に過去を表している文では FOCUS はＡにあると思われますが、探しているものが見つかって、

　4) あっ、あった。

と叫ぶ場合はむしろＢの位置にあるのではないでしょうか。

　食事に関して

　5) 夕食は食べましたか？

と尋ねる場合、まだ食べていなければ普通は、

　6) いいえ、食べていません。

と答えます。ということは5) は完了の意味であり、Ｂに FOCUS があると考えるのが自然です。FOCUS と EVENT の関係で、EVENT が FOCUS より前（過去）にある関係が「完了」でした。このことは日本語の場合にも当てはまります。5) と同じような形なのですが、

　7) 昨日、夕食を食べましたか？

に対しては、

8）いいえ、食べませんでした。

と答えることができます。7）のタ形が過去を示しているからです。この場合、FOCUS は EVENT である A のほうにあるでしょう。ただ、この区別は微妙な問題を含んでいて、完全に過去である7）に対しても、

9）いいえ、食べてません。

と答えても問題ないと思います。「昨日の日本シリーズ見ましたか？」と聞かれたときの答えは「見ませんでした」よりも、むしろ「見てません」のほうが自然ですよね。このように、過去の文に対する否定の答えとして「〜してません」と答えることもできるのですが、5）のような完了の問いに、つまりこれからまだ食べる可能性があるときに「食べませんでした」と答えることはありません。このように微妙ではありますが、日本語でも過去と完了は区別できる、ととりあえず考えておきましょう。しかし、基本形としては FOCUS は EVENT と同じ位置にあります。

　ル形の方の構造は、

10）

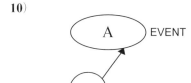

　　　（EVENT を時間的に同じか、あととするような位置に V-POINT が移動する）

です。ル形は現在形というよりは非過去形で、動作動詞の場合は未実現の未来のことを表す場合が多いのです。同時の場合、「今ごろ彼は〜しているだろう」のように異なったスペースの内容を述べるのであれば10）のような書き方で、B のちょうど上にあるケースとして表現してもよいのですが、同じスペースにおいてもよいでしょう。つまり、次の11）のようになります。

11)

です。「我が輩は猫である。名前はまだない」などはこのタイプで、この2文とも同じスペースで FOCUS や BASE も同じスペースに集まっていると考えるべきでしょう。Je suis un chat. の場合ももちろん同じで、この最も基本的な形は英語・フランス語と日本語で違いはありません。

　さて、日本語の基本的なスペース構成の移り変わりは、V-POINT が移動し、その V-POINT の位置に次の出来事が書き込まれるということでした。

12) 財布は切符を買うとき落としたらしい。

最初の「買う」のル形は 10) の構造で、次の「落とした」は B に書き込まれます。買う前に落としたということですね。ただし、同じ内容を、

13) 財布は切符を<u>買った</u>とき落としたらしい。

とも言えると思います。つまり多少の時間的ずれがあっても同時という解釈が許される場合は、EVENT が同じ位置にあって移動しないことも許されているのです。これは英語やフランス語でも同様で、過去形が連続して出てくる場合、同一の場面という解釈ができる場合は EVENT は移動していません。

13) 4つの基本スペースは同じ位置にとどまったままでもよい。

というのも、三言語のどれにも適用できる原則でしょう。ただ、その場合、あくまでも同時でなくてはなりません。日本語では、同時の表現の場合は「〜したとき」も「〜するとき」も使えますが、「〜する前」はル形しか許されず（「×〜した前」は言えません）、「〜したあと」はタ形しか許されません（「×〜するあと」は言えません）。時間的前後関係が生じる場合はスペースをずらすのであり、「P［する前／した後］Q」の構造では P の V-POINT の位置に Q の EVENT が移動しなくてはならないのです。

35課までに説明した内容をひと言でまとめると、「内側（EVENT）から描く日本語」「外側（BASE）から描く英語・フランス語」となるのではないかと思います。日本語が内側視点をとるということの例示をもう少し続けてみましょう。

1）a. **Jeanne était prête à monter en voiture lorsque la baronne** *descendit* **l'escalier, soutenue d'un côté par son mari, et, de l'autre, par une grande fille de chambre forte et bien découplée comme un gars.**
(Maupassant, *Une vie*)

　　b. ジャンヌは馬車に乗ろうとしていた。そこへ、男爵夫人が、一方は夫に、一方は、まるで若者のように整った体格の、力の強い、背の高い小間使にささえられながら、階段を<u>おりてきた</u>。　　　　　（新庄嘉章訳）

注目していただきたいのは、descendit の翻訳です。単純に日本語に対応させるなら「おりた」でしょう。ところが、実際の翻訳に見られるようにここは「おり<u>てきた</u>」と訳したくなります。日本語は出来事の側に視点があるので、1）の場面では、Jeanne と重なるような位置から出来事を描きます。すると descendre も視点のある位置に近づいてくる行為になるので、「～てきた」と付け加えることになるのです。Il est entré dans le bureau. も文脈によって、「彼は事務所に入って行った」とも「彼が事務所に入って来た」とも訳すことができます。逆に言うと、日本語ではどうしてもどちらかの視点の位置に立ちたくなるのですが、フランス語では venir と aller の使い分けなどはあるとしても、日本語ほど視点の違いが表現されることはないようです。

2）a. 翌日、妻が医者を<u>見つけて来た</u>。風呂屋のすぐ近くに内科と書いた保険医の看板が出ているのを見たと言う。　　　　　（遠藤周作『海と毒薬』）

b. Ma femme en (=médecin) *découvrit* **un le lendemain. Tout près du bain public, elle avait vu une enseigne de généraliste agréé par la sécurité sociale, avec cette inscription : Médecine interne.**

(Moto Miho et Colette Yugué 訳)

3）a. そして、平生より遅く、春の日がすっかり暮れて、街道の両側にある家々に燈が入ってから、鮎太は家へ<u>帰って行った</u>。

(井上靖『あすなろ物語』)

b. Il *rentra* chez lui bien plus tard que d'habitude. Le soleil printanier avait disparu depuis longtemps de l'horizon et les lampes étaient déjà allumées dans les maisons qui bordaient la route.

(Mombert-Sieffert 訳)

2）は 1）とは逆で、日本語が原文、フランス語が翻訳ですが、「見つけて来た」は単に découvrit（見つけた）であって、「〜て来た」が表す内側視点のニュアンスまでは翻訳されていません。3）も同様で、rentra は「帰った」です。これなど、逆に 3）b を単独で見せられて翻訳せよ、と言われたら「彼はいつもより遅く帰ってきた」などとやりたくなってしまうかもしれません。

さて、時制の問題に話を戻しましょう。私が用いた V-POINT というスペースは上述したような空間的な位置関係まで含めた視点を意味するものではありません。それでも日本語の場合、EVENT に直結する形でV-POINT が定められ、最後にならなければ BASE と関係づけられず、そのため常に出来事の内部にあるのだ、と考えることはできます。事実、言い切りになる前の従属節の中であれば、それが過去のことであっても未完了の事態であれば現在形（ル形）で表現されます。

4）a. フランスに<u>行く</u>とき、彼は大きなスーツケースを買った。

b. Lorsqu'il *est parti* pour la France, il a acheté une grosse valise.

日本語の「行く」はこの行為を未完了の事態として、つまり EVENT が未来の位置に来るように V-POINT を定め、この V-POINT の位置に EVENT

157

が移って「買う」が書き込まれるのでしたね。要するに、「スーツケースを買った」時点からみて、「フランスに行く」という出来事はまだ成立していない、ということです。フランス語では partir の語義から出発前であることがわかりますが、時制は BASE から計算するので、あくまで過去形（複合過去）です。

　それに対し、日本語の場合、いつでも事態を現在形で表現できるような出来事内部の視点をとることができるのです。「言い切り」は基本的には文単位で生じますが、このときの V-POINT の位置が BASE であり、これが話し手が言語活動を統括している場と解釈されます。しかし、この場は日本語の場合、最後に帰ってくる場であって、常に談話の原点にあって、談話を支配している場ではありません。ということで、一時的に過去の場に寄り道することもあるようなのです。6課の1）で挙げた例も再掲しましょう。

（5）夫はようやく立ち上った。
　　針箱と糸屑の上を飛び越すように跨いで、茶の間の襖を開けると、すぐ座敷である。南が玄関で塞がれているので、突き当りの障子が、日向から急に這入って来た眸には、うそ寒く映った。　　　　　（夏目漱石『門』）

この「座敷である」は、夫とともにある視点からみた現在の状態でしょう。ここで言い切りになっていますので、スペースの上では BASE と認定されます。その次に語られる出来事もこの BASE のスペースに登録されていきますが、今度は言い切りが「うそ寒く映った」という過去形なので、それまでのスペースを過去とするような V-POINT の位置に BASE が移り、語り手が本来いる場所と重なるわけです。こうして考えると、5）は EVENT に始まり、BASE に終わるという文単位の構造が、文をまたいだ談話という単位にまで拡張されたもの、と見ることはできないでしょうか。最後の文も「うそ寒く映る」として、話を続けてもよいのですが、その場合でも、「それで再び縁側の方を振り向いた」のようにどこか過去形が続いてくれないと落ち着きません。BASE が本来おかれるべき位置が談話レベルで定

まっており、話が BASE に戻ってきて一段落、という構造になっていると思われます。次の文章も同じような情景の描写なのに過去形の中に現在形がはさまっています。

6）そしてそこにある学校の開墾地のある斜面へ出て、草の上に腰を降ろした。そこからは部落が一望のもとに見降ろせた。五、六十軒の農家が、清澄な空気の中に、それぞれ木々の茂みを抱いて<u>散らばっている</u>。小さい玩具のような小学校も、役場も、村人がお役所と呼んでいる営林署の建物も、村で一番大きい鮎太の家も、土蔵も、椎の老樹も手に取るようにくっきりと見えていた。　　　　　　　　　　　　　　　　　（井上靖『あすなろ物語』）

現在形で書かれているのは第三文だけで、それ以外は過去形です。ここも第三文で、一時的に BASE が過去に置かれていますが、第 4 文でまた現在に戻り（過去形）、全体としてひとまとまりの談話を構成していることがわかります。さらによく観察すると、第三文以外はすべて、語り手が主人公である鮎太の行動や認識を描写している（V-POINT と BASE は現在にある）のに対し、第三文だけは鮎太の目と完全に一体化し（V-POINT と BASE は過去にある）、鮎太の目に映った情景をそのまま描いています。これはあたかも、語り手の語りが地の文を構成している中に、登場人物の会話が直接話法で挿入されているような感じです。日本語は EVENT の側に視点をおいていますから、このような視点の主体の移動も容易に行なえるのです。

　実際、小説などでは、過去の出来事を語りながら、ときおり登場人物の視点をとってそのときの状態を現在形で表現するのは極めて普通の書き方であり、作品によっても違いますが、タ形とル形の割合は 6 対 4 ぐらいになるようです（熊倉, 2011 など）。英文学者でもあった夏目漱石はタ形を英語の過去形と同じようなものにしようとして『明暗』では実験的に 96％ をタ形で書いたようですが、極めて特殊な文体になり、のちの作家に受け継がれるようにはなっていません。日本語では、過去形の中に現在形が混じるのが普通の文なのです。

37課 過去を表す現在形

6課で取り上げたもうひとつの例文です。

1) a. 〔...〕, d'Artagnan 〔...〕 jeta un coup d'œil rapide sur le lit. Le lit n'*était pas défait.*

　b. 〔…〕ダルタニャンは、〔…〕急いで寝台をちらりと見た。寝台の上はきちんと片づいている。

これは『三銃士』の原文とその翻訳ですが、日本語の第二文はダルタニャンの目に映った情景を直接話法のように、ダルタニャンの視点で述べています。しかしフランス語では、過去の世界でダルタニャンが見た光景をダルタニャンの視点で描くことは許されません。あくまで BASE を基準に過去の世界に移動し、そこに視点をおいて半過去で描くのです。日本語における過去を表す現在形は、フランス語では 1) のように半過去に対応するのが普通です。

　それでは、英語やフランス語において「語りの現在」と呼ばれている過去の事柄を表す現在形はどう考えればよいのでしょうか。まず、英語やフランス語では、すべてが BASE から出発するわけですから、過去のことを現在形で表しているということは、過去の時点を BASE にして、そこを基準にして出来事を述べる、ということです。つまり、BASE が語り手の位置から EVENT かつ FOCUS の位置に移動するという修辞的操作を行なって、あたかもその現場にいるようにして出来事を描くということです。これにはいろいろな条件が必要です。まず、第一に移動先は FOCUSでなくてはなりません。「昨日ポールがやってきて、〜の話をした」という状況を考えてみましょう。フランス語では hier（昨日）を文頭にも文尾にも置くことができますが、どちらにもってくるかで現在形の容認度が異なります。

2）a. Hier, Paul arrive chez moi. Il dit...

　　b. ˟ Paul arrive chez moi hier.

2）a のように文頭にもってきた場合は、現在形も可能ですが、2）b のように文尾にもってくるとかなり変で、普通は認められません。hier というのは、「今」を基準にしてそこから一日前ということですから、2）a でも、hier という副詞の指定までは、BASE は語り手のいる現在の位置にあります。最初の BASE を基準にして hier と宣言し、「昨日スペース」をまず作ります。ここで一呼吸おくことで、「昨日スペース」が FOCUS ですよ、と宣言していることになり、BASE がここに移動する条件が一応できあがるわけです。しかし2）b のように現在形で始まると、最初は BASE と同じ時間帯の話だと思って解釈しているのに、あとから昨日のことだと付け加えられても、今さら前にさかのぼって BASE の移動はできないので、おかしな文になるのです。

　BASE 移動の第二の条件は、同じ BASE を基準に複数の出来事が出てくることです。必ずしも移動させる必要のない FOCUS の位置にわざわざ BASE を移動したのですから、Paul arrive だけではなく、Il dit... のようにいくつかの出来事が同じ基準点から述べられて欲しいのです。

　7課で挙げた『赤と黒』をもう一度確認しましょう。

3）Il volait en montant l'échelle, il *frappe* à la persienne; après quelques instants Mathilde *l'entend*, elle *veut ouvrir* la persienne, l'échelle *s'y oppose* : Julien *se cramponne* au crochet de fer destiné à tenir la persienne ouverte, et, au risque de se précipiter mille fois, *donne* une violente secousse à l'échelle et la *déplace* un peu. Mathilde *peut* ouvrir la persienne.

　　ジュリアンは飛ぶようにして梯子をよじ上ると、鎧戸を<u>叩いた</u>。しばらくすると、マチルドが音を<u>聞きつけて</u>、鎧戸を開こうとしたが、梯子があるので開かない。ジュリアンは、鎧戸を開けておくための鉄の鉤に<u>かじりつき</u>、いくたびもあやうく墜落しそうになりながら、梯子をはげしく<u>ゆすぶって</u>、すこしその位置をずらした。マチルドはやっと

鎧戸を開いた。〔小林正訳〕

il volait（上っていった）と半過去で描写されたあとに、いきなり歴史的現在が出てきます。この段階で BASE が FOCUS に移動するわけです。それまでも V-POINT、FOCUS 、EVENT はすべて同じスペースにあって、BASE だけがここに移動してきたにすぎません。ただ時間の基準点がここで切り替わっており、同じ基準点でいくつかの出来事が連続して語られないと落ち着きません。まとまった一連の出来事が、あたかも現場で実況中継しているように提示され、その場ににとどまってこそ、安定した感じを得ることができます。3）においては、イタリック体で示した動詞すべてがその働きをしていると言えるでしょう。

　BASE 移動の３つめの条件は、移動されたあとのスペースに登録される出来事は基本的に状態を表すものではなく、動作を表すものが中心になる、ということです。BASE の移動は、本来語り手がいることになっている場から過去の EVENT かつ FOCUS の側に移るのですから、あくまでも修辞的で、わざわざそのような破格な書き方をするだけの内容でなくてはなりません。つまり、事件の展開です。状態動詞は場面の背景や状況を描写するために用いられるので、ふさわしくないのです。出来事としてありありと描かれ、語りを展開させるのは動作動詞で表現される動きなのです。

　この３つの条件は日本語と大きく異なっています。日本語では BASE は最後の V-POINT なので、もともとあった位置からわざわざ移動するという修辞的な操作は必要ありません。長い話をいったん言い切りにして、V-POINT の流れをいったん停止すればよいだけです。1）b も現在形の普通の用法で、修辞的な特殊効果は備わっていません。また、一時的な視点のずれを表現しているだけですので、まとまって用いられる必要もありません。1）b のあとにすぐに過去形で話が展開してもなんの問題もないわけです。さらに視点はあくまでも EVENT の側にありますが、ル形／タ形の対立は現場にあっては第一義的に未完了／完了の対立になります。動作

動詞の場合、ル形ではその動作が完了していない側面をとらえることになるので、結果も含めて伝える場合にはタ形が用いられます。そのため過去における現在形は大体状態を表す動詞に限られることになるのです。

「内側から描く日本語」「外側から描く英語・フランス語」に加え、「外側からの性質はフランス語よりも英語のほうが強い」ということもお話ししました。「語りの現在」の場合も同様で、BASE が過去を表す FOCUS に移動することは英語のほうが制約が厳しいようです。「語りの現在」は単独では用いられにくいとはいえ、フランス語では絶対的な制約ではありません。ガデンヌの『小年代記』の一節です。

4) Ces visites à des ombres que nous n'avions pas connues 〔...〕 nous paraissaient austères. Mais, les autres jours, les visites aux personnes vivantes n'étaient pas, en somme, beaucoup plus gaies.

J'*assiste*, à Lille, au mariage d'un cousin. Sa femme était belle, bien en chair. Buffet, danse, dans une sorte de palais des glaces. Je croyais voir le paradis. 〔Gadenne, *Chronologie courte* in Chuquet, 1994〕

> あの、それまで知らなかった死者達への訪問は厳粛なもののように思えたが、さりとて、また過日、生者への訪問が、結局のところ、それより遙かに陽気なものであるというのでもなかった。
>
> 私はリールで、いとこの結婚式に出席していた。いとこの妻は美人で肉付きもよかった。食事やダンスを鏡の宮殿のようなところで行い、まるで天国を見ているかのように思えていた。

2 段落目冒頭の j'assiste は、単独で用いられていますが、重要な場面が構成される箇所で、フランス語では問題ありません。しかし、英語で、I am attending a cousin's wedding in Lille... と翻訳するのはかなり難しそうです。実際の翻訳は I remember attending a cousin's wedding in Lille. となっていて、本来の BASE の位置をずらさず、その位置からの回想という形になっています。7 課の 3) で紹介した『赤と黒』の英訳も過去形が用いられています。

163

本書で用いている V-POINT はスペースの名称で、視点が置かれている
スペースということです。この視点は基本的に時間にかかわるもので、あ
くまでも、そこからみて隣のスペースが同時か過去か未来かを決定すると
いう働きにしか注目していません。空間に関する意味の aller と venir な
どを分析する際には、空間に関する視点が問題になりますが、V-POINT
はそのような視点とは無関係です。半過去を用いれば aller でも venir で
も V-POINT は過去スペースにあり、その位置は動詞が何であるかには関
係しません。しかし、日本語は EVENT の側に最初の視点があって、そ
こから出発し、最後に BASE の位置が定まる構造になっているのに対し、
フランス語は BASE に最初の視点があって、そこを基点に EVENT の位置
が定まる構造になっているという特徴を確認してきました。「内側から描
く日本語」「外側から描く英語・フランス語」というようにまとめました
ね。この特徴は時制だけのものではありません。単純に外側から、内側か
らという言い方に沿うなら、「最も外側から描くのが英語で、最も内側か
ら描くのが日本語で、フランス語はその中間にある」と思われます。実
際、フランス語には半過去のように V-POINT が EVENT の側に置かれる
構造をもった時制がありますが、英語にはありません。このように、広義
の視点にまつわる言語比較をこの課では行なってみたいと思います。

　有名な川端康成の『雪国』の冒頭の文を取り上げます。

1）国境の長いトンネルを抜けると雪国であった。夜の底が白くなった。
この文の視点は列車の中にあります。列車の中からトンネルを抜けること
を経験し、そしてそこに雪国を見い出すわけです。まさに出来事の中から
描くという、日本語がもつ視点の特徴を表しています。これが英訳になる
と2）のようになります。

2）**The train came out of the long tunnel into the snow country. The earth lay white under the night sky.** （Seidensticker 訳）

これですと列車の外から列車の動きを描写することになりますね。映画でいうと、原文は列車の中にカメラが入り込んでいるのに対し、英訳は上空から列車がトンネルを抜け出す様子を映しているような感じがします。この視点のずれの問題は翻訳者である Seidensticker 氏自身が指摘していますから、誤訳ではなく、英語ではこうする以外にはない、ということでしょう。「国境を抜ける」の主語は the train でしかありえませんから、仕方がありません。実に英語らしい外からの描写です。ここでは時制というより主語代名詞の問題が関係しています。英語・フランス語は 1 人称・2 人称・3 人称を明確に区別する主語代名詞を備えているのに対し、日本語は表現しないことも多く、人称を表すためだけの主語代名詞は発達していません。1）のように曖昧な形で、話し手や読み手の視点をとった行為が成立しています。しかし、フランス語にも on という人称の区別を曖昧にしたような代名詞があります。出版されたフランス語訳は以下のとおりです。

3）**Au sortir du long tunnel de la frontière, on se trouvait au pays de neige. Le fond de la nuit avait blanchi.** （Cécile Sakai 訳）

見事に列車の中からの描写になっていますね。on は自分に近い視点をとった代名詞で、日本語のように出来事を内側から描くことを可能にしています。

　しかし英語よりは日本語に近いフランス語でもなかなか表現しきれない、日本語の内側視点の文もあるようです。『源氏物語』の原文とそのフランス語訳を丁寧に比較した中山真彦氏の調査によると、日本語の原文では登場人物の気持ちの描写にあたるものがフランス語訳になると、登場人物の様子を外から描写したような形で翻訳されている例が数多くあるそうです。下記は「帚木」一節です。

4）ここちはた、わびしく、あるまじきことと思へば、あさましく、「人違えにこそはべるめれ」というも息の下なり。

これは空蟬の寝所に忍び込んだ源氏に対して、空蟬が反応する場面です。「気持ちは実にわびしくて、こんなことはあってはならないことだと思うと、情けなく、『人違いでございましょう』と言う声も声にならないくらい小さい」とでもいう感じでしょうか。この「あさましく（情けない）」というのは空蟬自身が、そのように感じられている、という彼女の気持ちを表明しています。これがフランス語では、

5) **Fort mal à son aise pourtant, car elle sentait bien ce qu'il y avait d'inconvenant dans l'affaire, elle dit dans un souffle, *pitoyablement* :**
   – Vous devez faire erreur sur la personne. （René Sieffert 訳）

となります。pitoyablement は elle dit dans un souffle にかかっていって、「哀れな様子でそう言った」ということになっています。つまり日本語では内側から登場人物の気持ちとして描写されたものが、フランス語では外側からみた登場人物の様子に訳しかえられているわけです。これが英語では、

6) **But feeling that the situation was not at all a proper one for a married lady she said（without much conviction）, ̋I think you have made a mistake.̋ She spoke very low.** （Arthur Walely 訳）

です。「あさましく」は feeling that の中に入れてしまったか、あとに出てくる without much conviction になっているかですが、あとのほうだとすると「はっきりとした確信をもたずに」という意味ですから明らかに誤訳ですが、この場合も she said にかかっていますので、彼女の話し方の様子の描写になっているわけです。

7) ものよりおはすれば、まづ出でてむかひあひて、<u>あはれに</u>うち語らひ、御懐に入りゐて……

これは『若紫』の最後に出てきます。幼い紫の上の描写で、「用事からお戻りになると、まずお出迎えし、懐かしいという気持ちでお話をなさって」というように、「あはれに」は若紫の気持ちを描写しているのです。これがフランス語では8）のようになります。

8) 〔**...**〕**Elle courait à sa rencontre, puis bavardait *gentiment* 〔...〕**

彼女は走って彼を出迎え、それから可愛らしくおしゃべりをするのだった

(中山 , 1984)

外からみた彼女が話をする様子の描写になっていますね。英語ですと

9) **When he came back from anywhere she was the first to meet him and then *wonderful* games and conversation began,**〔...〕

(Arthur Walely 訳)

です。ここでは原文にない games が加わっていて、「彼女は真っ先に彼に会いにきて、それから素晴らしいお遊びと会話が始まった」となりますから完全な意訳ですね。ここでも wonderful は話し手が外から見た彼女と源氏の様子を描写していることに変わりありません。そもそも現代語でも 7) などは「しみじみとおしゃべりをして」のような翻訳にしたくなります。確かに「しみじみと」はおしゃべりをする人の気持ちですが、古語の「あはれに」ほどは登場人物の気持ちの表明という感じはしないでしょう。現代語の感覚は英語やフランス語に近づいているのかもしれません。

　しかし、日本語本来の視点はあくまでも出来事の側にあり、出来事の観察者ではなく、登場人物の内側にまで入り込むような見方をうながすのです。日本語では会話などで「私は悲しい」とは言えますが、「彼は悲しい」とは言いにくいという現象があります。人の気持ちは自分にはわからないので、「彼は悲しがっている」のほうが自然な表現になりますね。ところが小説のように何でも見渡せる人の視点で描写すれば問題ありません。逆に、かえってそのような視点で心の内側を描くような表現が、『源氏物語』の時代には多用されたのです。英語やフランス語には、感情を表す形容詞だからといって 3 人称で使えないというような制約はありません。常に外から、相手の気持ちなども、さぞ知っているかのように il est triste と平然と描写します。Je suis triste. と Il est triste. は単に主語が違うだけで、どちらも視点は事態の外側にあって、そのときの状態を描写しているにすぎません。

39課 IモードとDモード

　38課まで述べてきた「内側から描く日本語」と「外側から描く英語・フランス語」は、より一般的な形で専門家の間で議論が進んでいます。英語学の分野で中村芳久氏 によって提唱されたIモード／Dモードについて春木仁孝氏 がフランス語について考察していますので、その内容をここで紹介しておきましょう。興味がわいた方は、それぞれの原著に当たってみてください。

　Iモードというのは Interactional mode of cognition の略で、主体が直接的な交渉を通じて対象を認知する認知モードのことです。簡単に言うと「内側視点」に対応します。これに対し、DモードというのはDisplaced mode of cognition の略で、主体が対象を外部から客観的に観察する認知モード、つまり「外側視点」に対応します。なかなか難しい用語ですが、この2つの認知モードを導入するにあたって、中村氏は金田一春彦氏のエッセーの中にある面白い逸話を紹介しています。ドイツ人に「ぼくは昨夜実験室に行ったが、誰もいなかった」と言ったところ、「お前がいたではないか」と反論され、ドイツ人はそういう場合「ぼくは昨夜実験室に行ったが、そこにはぼく以外には誰もいなかった」と言うと指摘されたという話です。すべてのドイツ人がそうであるかどうかは別として（フランス語では、少なくとも私が聞いたフランス人は Je suis passé dans le labo hier soir, mais personne n'était là. で問題ないと答えました）、この2つの見方はIモードとDモードの違いをよく表しています。日本語の「誰もいなかった」はそこに入り込んだ「私」の視点で、場面の内側に入り込んで誰もいなかったと認知しているIモードなのに対し、ドイツ人（語?）の視点は、自分も登場人物のひとりとして外側から客観視して、対象を認知するDモードに立っているというわけです。

168

　中村氏によるとこの 2 つの認知モードの違いは言語のさまざまなしく
みを反映していて、日本語は典型的な I モード言語で、英語は典型的な D
モード言語だそうです。フランス語については、基本的には英語と同じ
D モード言語だが、日本語のような I モードの側面もあるということを春
木氏が述べています。

　まず人称代名詞ですが、I モード言語では多数であるのに対して、D モー
ド言語では限られています。自分自身を指す代名詞としては、英語には I、
フランス語には je しかありませんが、日本語は「わし」「俺」「ぼく」「私」
など多数あり、同じ人でも、相手が誰であるかとか、社会的・心理的関係
に応じて使い分けています。対象との相互作用を反映する I モードの特徴
です。フランス語でも 2 人称では tu と vous を使い分けますし、また on
が 1 人称の代わりをしたりと英語に比べると I モード的です。この違いが
『雪国』の翻訳の違いにも現れることを 38 課でみましたね。

　次に間接受け身です。日本語では「雨に降られた」などと、自分を中心
にして被った経験を間接受け身の形で表現することができます。まさに主
体の経験に基づいて表現する I モードならではの言い方です。D モード言
語の英語にはもちろんそのような受け身はありません。フランス語にもな
いのですが、〈se faire［se laisser / se voir］＋不定法〉という間接的な経験
を表す構文が存在し、これが間接受け身に似ています。

1）**a. Je *me suis fait mouiller* par un orage.**

　　嵐でびしょ濡れになってしまった。

　　b. Il *s'est laissé emporter* par une vive émotion.

　　彼は強い感情に押し流されるままにまかせた。　（春木, 2011）

　対象の属性を表す言い方でも I モードと D モードでは違いがあります。

2）**a.** このリンゴは 3 分で<u>食べられる</u>。

　　b. This curtains are *washable*.　　このカーテンは洗える。　　（中村, 2009）

同じような表現ですが、I モードの日本語は「食べられる」と動詞の可能を
表す形で表現しています。つまり、その時点における私が食べることがで

きる、という主体的な判断を反映しているのです。これに対し、Ｄモード
の英語は washable という形容詞で表現されており、これはカーテンの属
性を述べています。私がどうのというのではなく、一般的にこのカーテン
は洗えるカーテンなのだ、と言っているのです。ではフランス語はどうな
のでしょう。フランス語にも -able の形容詞はありますが、代名動詞の受
動的用法のような動詞表現もあります。

3）Ce livre *se lit* avec plaisir.

　　この本は楽しく読める。　　　　　　　　　　　　　　　　　　（春木 , 2011）

avec plaisir などというのは主体のとらえ方ですから、Ｉモード的と言える
でしょう。また、このように主体（人）の側からの言い方であることから、受
動用法はしばしば「～するものだ」という規範的な読みをもたらすのです。

4）Le vin blanc *se boit* frappé.

　　白ワインは冷やして飲むものだ。

などです。

　話法については、Ｉモードはほぼ直接話法のみであるのに対し、Ｄモー
ドは間接話法も多用されます。直接話法は現場の声をそのまま伝えるも
のなのでＩモードである、というのはわかりますね。英語・フランス語に
は間接話法があって、その点でＤモード的なのですが、フランス語では、
地の文の中に自由間接話法のような直接話法的な表現が英語以上に多用さ
れます。そもそも直接話法の場合からして、コーテーション（ " " ）の代
わりにティレ（ ‒ ）を使ったり、dit-il を発言中に挿入したりというように、
地の文との区別を曖昧にする傾向があります。

**5）a. ˮMy dear Aunt,ˮ said Raymond West with some amusement, ˮI
didn't mean that sort of village incident...ˮ**

　　**b. ‒ Ma chère tante, dit Raymond West amusé, je ne songeais pas
à ce genre d'accidents locaux...**

　　**c.「伯母さん」と、レイモンド・ウェストが少々おかしそうに言った。「そ
ういったありきたりな村の出来事じゃないんです」。**

5) はアガサ・クリスティーの *The Thirteen Problems*（邦題『火曜クラブ』）の原文と、実際に出版されたフランス語訳と日本語訳です。直接話法の引用は英語と日本語で同じですが、フランス語の場合、ティレは最初にしかつかないので、コーテーションほど会話と地の文を区別しません。さらに dit Raymond West amusé は地の文なのにティレに支配された領域の中に入りこんでいます。このように見てくると、地の文を基準にした場合、直接話法が地の文の中に入り込んでいるという感じを受けませんか。それだけ I モードに近いのです。

また I モードでは主題優先、D モードでは主語優先と言われます。「本は買った」をフランス語で表現すると、語られている出来事は J'ai acheté le livre. なのですが、語られるべき対象は「本」で、語られる内容は「買った」という事実ですから、主題優先の表現は、より現場に密着した I モードであり、主語・述語関係はあくまで出来事の論理関係なので D モードということになります。しかし、ここでもフランス語は I モード的な側面をもっていて、口語では特に主題化して話すことが多いのです。先の例ですと、Le livre, je l'ai acheté. と言います。Paul and me went to school yesterday. は、フランス語では Paul et moi, nous sommes allés à l'école hier. と主題化して言い直さなくてはなりません。日本語に特徴的な表現として、うなぎ屋での注文の「僕はうなぎだ」という言い方が話題になりますが、これは「は」が題目を表しているのであって主語とは限らないからこその表現ですね。フランス語では Moi, c'est l'anguille で、ほとんど日本語と構造は変わりません。

このような観点から英語も含めて比べた場合、日本語は I モードで、英語は D モード、フランス語も基本的には D モードだけれど、I モード的な要素も持っているということが言えそうです。そうすると過去のことに対して現在形を使用する制約が英語よりフランス語のほうがゆるいことも、英語にはない半過去という形があることも納得できますね。どちらも語られている対象の世界に近づいて、その場から出来事を描写する I モード的な形なのです。

171

40課 なぜフランス語には時制が多いのか

　さて、40課にわたるフランス語の時制の謎を巡る旅も、いよいよ終えるときがきました。この旅の始めに立てた問いは「なんでこんなにたくさんあるの？」でした。この問いに答えるためにはフランス語のしくみを他の言語と比べてみなくてはなりません。本当はあらゆる言語を調べてみなければ確かなことは言えないのですが、私が知っている３つの言語、フランス語、英語、日本語を比較して、私なりに答えてみましょう。

　まず、日本語と英語・フランス語の大きな違いは、日本語では EVENT と、そこに隣接した V-POINT との時間的位置関係だけを示せば十分であるのに対し、フランス語や英語では、BASE から EVENT までのあらゆる経路を動詞が示さなくてはならないということです。つまり、フランス語に時制の数が多くなるのは、BASE から EVENT まで、V-POINT や FOCUS を含めた４つのスペースの関係をすべて示さなくてならないからというのが第一の理由です。しかし、これは日本語の時制の少なさの説明にはなっても、フランス語の時制の多さの説明にはなりません。BASE からの経路をすべて示さなくてはならないという点では、英語もフランス語も同じだからです。しかし、とりあえず日本語との比較で、フランス語は BASE との関係を示す時制のしくみを持ち、日本語のように V-POINT に対して非過去の関係にあるル形と、過去の関係にあるタ形の２つだけですむようなしくみをとっていない、ということは押さえておいてください。

　そこで次は英語との比較になりますが、注目すべきことが２つあります。ひとつは V-POINT を過去において、そこを基準に時間関係を示す半過去という特別な過去があること、もうひとつは複合過去形のように、もともと完了を表す形式であった複合形が、れっきとした過去時制になってしまっている、という２点です。ひとつ目の性質により、英語の過去形に

対してフランス語は単純過去と半過去の2つが対応することになります
し、2つ目の性質により、フランス語は単純過去以外に複合過去も加わっ
て、英語ではひとつしかない過去形がフランス語では3つもあることに
なります。さらに、2つ目の性質から、英語では過去完了形という〈時制
＋アスペクト〉の形式として処理される形が、フランス語では前過去、大
過去とあり、過去形の形がさらに増えているような印象もあります。もっ
とも最後の例は単なる名称の問題で、英語の過去完了形（ex. had lived）
とフランス語の大過去（ex. avait habité）、英語の過去未来完了形（ex.
would have lived）とフランス語の条件法過去（aurait habité）で、それほ
どその機能に差があるわけではありません。

　この「半過去の存在」と「複合形の過去時制化」という2つの性質は、
どちらもフランス語が英語と異なり、日本語のようなIモード的な認知
の仕方を反映していることから来ているような気がします。V-POINT を
過去の位置において、その時に特別な形（半過去形）をとるということ
は、すべてを話し手の位置（BASE）から語るのではなく、語られる対象
の側の視点を重視した形を備えているということです。これはIモード的
認知の反映であると言えるでしょう。さらに、複合過去が英語の過去形に
対応する意味をもつということは、FOCUS の位置が V-POINT の位置か
ら EVENT の位置に移ったということです。このような移動はフランス語
の場合、複合過去と大過去の場合にだけ生じます。12課の9）で示した性
質ですが、これも V-POINT と FOCUS が重なる位置で、V-POINT を基
準にして出来事をとらえ直すというIモード的な性質が関係していると考
えられます。V-POINT のあり方に大きな意味を持たせていない英語では、
FOCUS が V-POINT のある BASE に置かれている現在完了形の形が、過
去形と同じ意味を表すことはありません。

　結局、「フランス語にはどうしてこんなにたくさんの時制があるの
か」という最初の謎に対する私の答えは、フランス語は BASE を基準と
して時間を指定する絶対時制を用いる言語でありながら、話し手の位置

（BASE）から離れた視点（V-POINT）を重んじる I モード的認知のしくみを備えた言語でもあるからだ、ということになります。

　以上で本書の旅はとりあえず目的地にたどり着いたことになりますが、最後に直接のテーマではない英語と日本語の比較を少しだけ付け加えておきます。英語の場合、EVENT に FOCUS を移す移動は許されますが、EVENT にある FOCUS を V-POINT の位置に戻す移動は許されません。

1）a. *Have* you *met* my brother ?　　兄に会ったことあるの？

　　b. Yes, I *met* him last year.　　ええ、去年お会いしました。

これは自然な会話ですよね。1)a は完了形ですから、FOCUS は現在に、EVENT は過去にあります。1)b は過去形なので FOCUS も EVENT も過去にありますが、前の文からの関係では、EVENT の位置は変わらず FOCUS がその位置に移動してきていることになります。この移動は許されるのですが、逆は許されません。

2）a. *Did* you *meet* my brother ?　　兄に会った？

　　b. ˟ Yes, I *have met* him.　　ええ、お会いしたことがあります。

過去のことを聞かれているのだから、現在に FOCUS を戻して答える理由がないはずなので、この英語がおかしいことは感覚的にもわかると思います。しかし、日本語では文脈によっては可能だという気がしませんか。否定の場合はよりはっきりします。

3）a.　　昨日の日本シリーズ見た？

　　b-1. いいや、見なかったんだ。（タ形）

　　b-2. いいえ、見てません。　　（テイタ形）

　　b-3. いいや、見な〜い。　　　（ル形）

これはどれも許される形です。日本語の談話構成規則に違反していません。3)b-1 は過去形に対して過去形で答えているので問題ないですが、3)b-2 も普通です。日本語の場合、V-POINT の位置に、次に出てくる動詞の FOCUS と EVENT を置くことができます。3)a はタ形で聞いており、V-POINT は現在に移っていますから、3)b-2 のようにその現在の位置

に EVENT や FOCUS をおいても問題ないわけです。過去から現在にいたるまでそのような出来事は存在していないし、今も存在していない状態にあるということでしょう。過去の否定「〜なかった」は過去の出来事として否定的事態を成立させた、という意味です。「ご飯を食べなかった」とか「学校に行かなかった」とか、ご飯を食べることや学校に行くことがあらかじめ期待されているにもかかわらず、逆の行動を取ったときに用いられます。3)b-1の返答は日本シリーズを見ることになっていた聞き手が、何らかの事情でそうしなかったというときの返答でしょう。それに対し、そもそもそのような前提がなく、単に聞かれた事実が存在しないことを答える返答は3)b-2のほうなのです。日本語は否定の答え方でも、このような使い分けができるわけです。3)b-3はやや破格で、正しい返答のしかたではないような印象も受けますが、実際には口語ではよく現れます。たとえば学生同士の会話では、「行った?」「行かない」といったやりとりは珍しくありません。「お父さんだって、男友だちも必要だって言ったじゃない」「わしは、そんなこと言わん」のようなやりとりも想像できませんか。これは日本語の BASE が最後の V-POINT というにすぎず、状態を記述する場合には過去のことがらでもル形が用いられる現象と同じだと思われます。35課で述べた内容を思い出してください。特に「見てない」「見ない」はイ段で終わっているように形容詞文で、基本的に状態文なのです。したがって3)b-3は質問文の FOCUS と EVENT をそのまま引き継ぎながら V-POINT の移動を行なわず、そのままそこが BASE になった形と理解できます。BASE の理解が文脈に依存している分だけ、ぞんざいな印象を与えるのでしょう。

　このように、スペースを使った分析はさまざまな言語の分析や比較に有効だということを示して、本書をしめくくりたいと思います。

索引

数字は各項目が取り上げられているページを示す。

177

参考文献

・朝倉季雄『新フランス文法事典』白水社（2002 年）

・井元秀剛『メンタルスペース理論による日仏英時制研究』ひつじ書房（2010 年）

・大久保伸子「前過去と大過去」『フランス語フランス文学研究』71 82-95（1997 年）

・熊倉千之「日本語による文化情報処理について」http://www.jsik.jp/?kumakura.
（2011 年）

・曽我祐典『中級フランス語　つたえる文法』白水社（2011 年）

・曽我祐典「現在・未来の反実仮定と半過去・大過去の使い分け」『フランス語学
の最前線 3』ひつじ書房 183-215（2015 年）

・東郷雄二『中級フランス語　あらわす文法』白水社（2011 年）

・東郷雄二「半過去の叙想的テンス用法」『フランス語学の最前線 2』ひつじ書房
45-87（2014 年）

・中村芳久「主観性の言語学：主観性と文法構造・構文」『認知文法論 II』大修館
書店 74-82（2004 年）

・中村芳久「認知モードの射程」『「内」と「外」の言語学』開拓社 353-393（2009 年）

・中山真彦「源氏物語仏訳の研究——物語構造試論（その 1）」『東京工業大学人文
論叢』10 109-126（1984 年）

・西村牧夫「条件法は（ほとんど）半過去である　Le conditionnel, c'est（presque）
l'imparfait」『フランス語教育』31 71-81（2003 年）

・西村牧夫『中級フランス語　よみとく文法』白水社（2011 年）

・春木仁孝「フランス語の認知モードについて」『言語文化共同研究プロジェクト
2010 言語における時空をめぐって IX』61-70（2011 年）

・春木仁孝「フランス語の時制と認知モード：時間的先行性を表さない大過去を中
心に」『フランス語学の最前線 2』ひつじ書房 1-44（2014 年）

・山村ひろみ『日・英・仏・西語における対照研究——時制・アスペクトを中心に
して（平成 15 年度～平成 17 年度科学研究費補助金（基盤研究 C1）研究成果報
告書）』（2006 年）

・渡邊淳也「間一髪の半過去」『フランス語の時制とモダリティー』早美出版社 39-57（2014 年）

・Berthonneau, Anne-Marie & Georges Kleiber, "L'imparfait de politesse : rupture ou cohesion ?", *Travaux de linguistique* 29, 59-92. 1994

・Berthonneau, Anne-Marie & Georges Kleiber , "Un imparfait de plus… et le train déraillait", *Cahiers Chronos* 11, 1-124. 2003

・Bres, Jacques , *L'imparfait dit narratif*, CNRS éditions, 2005

・Chuquet, Hélène, *Le présent de narration en anglais et en français*, Ophrys,1994

・Cutrer, Michelle , *Time and tense in narrative and in everyday language*, Ph.D.thesis, University of California San Diego, 1994

・Desclés, Jean-Pierre, "Les référentiels temporels pour le temps linguistique", *Modèles linguistiques* 32, 15-2, 9-36. 1995

・Ducrot, Oswald, "L'imparfait en français", *Linguistische Berichte* 60, 1-23. 1979

・Fauconnier, Gilles, *Mappings in thought and language*, Cambridge University Press, 1997

・Franckel, Jean-Jacques, "Futur simple et futur proche", *Le français dans le monde* 182, 63-70. 1984

・Imbs, Paul, *L'emploi des temps verbaux en français moderne*, Klincksieck, 1960

・Riegel, Martin et al, *Grammaire méthodique du français*, Presses Universitaires de France, 1994

・Wilmet, Marc, *Grammaire critique du français*, Hachette, 1997

・Yana, Grinshpun & Krazem Mustapha , "Quelques marqueurs linguistiques liés au présent de l'indicatif dans les commentaires sportifs en direct", Despierres & Krazem（eds.）*Du présent de l'indicatif*, Université de Bourgogne, 2005

中級フランス語
『時制の謎を解く』『叙法の謎を解く』『冠詞の謎を解く』

日本人学習者には概念をつかみにくい「時制」「叙法」「冠詞」について、「謎を解く」という切り口で掘り下げていくシリーズです。

── 『時制の謎を解く』井元秀剛著 ──

フランス語にはなぜこんなに時制が多いのでしょうか。しかもなぜ過去形の種類が多いのでしょうか。フランス語話者は時制をどうやって使い分けているのでしょうか。英語や日本語と比較しながら、時制のしくみをひもといていきます。

── 『叙法の謎を解く』渡邊淳也著（2018 年春刊行予定）──

叙法とは、直説法・条件法・接続法などの「法」、つまり「述べかた」のことです。条件法や接続法は、初級段階では手薄になりがちですが、フランス語では頻繁に使います。どんなときに、どんな「法」で伝えているのか──その謎に迫ります。

── 『冠詞の謎を解く』小田　涼著（2018 年秋刊行予定）──

フランス語学習で最初に習うことながら、上級者になっても謎の多い「冠詞」。冠詞の役割とは何か、定と不定の区別とは何かからスタートして、複雑な冠詞の世界を探ります。この本を読んだあとでは、きっと冠詞が今までと違うものに見えてくるはずです。

本書は、2017年に小社より刊行された『中級フランス語 時制の謎を解く』の新装版です。

著者略歴
井元秀剛（いもと ひでたけ）
東京大学大学院人文科学研究科単位取得満期退学。パリ第8大学言語学科修了。言語学博士。現在、大阪大学大学院人文学研究科言語文化学専攻教授。専門は認知言語学。著書に『メンタルスペース理論による日仏英時制研究』『フランス語学の最前線1』（以上、ひつじ書房）など。

中級フランス語 時制の謎を解く ［新装版］

2024 年 4 月 20 日 印刷
2024 年 5 月 20 日 発行

著　者 © 井　元　秀　剛
発行者　　岩　堀　雅　己
印刷所　　図書印刷株式会社

発行所　〒101-0052 東京都千代田区神田小川町 3 の 24
　　　　電話 03-3291-7811（営業部），7821（編集部）　株式会社白水社
　　　　www.hakusuisha.co.jp
　　　　乱丁・落丁本は送料小社負担にてお取り替えいたします。

振替　00190-5-33228　　Printed in Japan　　加瀬製本
ISBN978-4-560-09966-7

▷本書のスキャン、デジタル化等の無断複製は著作権法上での例外を除き禁じられています。本書を代行業者等の第三者に依頼してスキャンやデジタル化することはたとえ個人や家庭内での利用であっても著作権法上認められていません。

白水社のフランス語学習書

東郷雄二 著
中級フランス語 あらわす文法 [新装版]
無味乾燥にみえる文法の中に隠れた「しくみ」をみつけ，フランス語らしい表現を自分のものにしましょう． ◎四六判 187頁

曽我祐典 著
中級フランス語 つたえる文法 [新装版]
ことばづかいの陰に文法あり．フランス語で自分の意思をうまく伝える感覚を磨いていきます． ◎四六判 183頁

西村牧夫 著
中級フランス語 よみとく文法 [新装版]
文法の謎をとき，見逃しがちなポイントを示しながら，相手の意図を正しくよみとく力をつちかいます． ◎四六判 195頁

井元秀剛 著
中級フランス語 時制の謎を解く [新装版]
なぜこんなに時制の種類が多いのか．フランス語話者はどう使い分けているのか．英語や日本語と比較しつつ，時制のしくみをつかむ． ◎四六判 180頁

渡邊淳也 著
中級フランス語 叙法の謎を解く
叙法とは，直説法・条件法・接続法・命令法などの「述べかた」のこと．「述べかた」が変わると，なにが変わるのか． ◎四六判 181頁

小田涼 著
中級フランス語 冠詞の謎を解く [新装版]
上級者になっても難しい「冠詞」．フランス語話者は不定冠詞と定冠詞をどのように使いわけているのか．冠詞の正体を探る謎解きの旅． ◎四六判 187頁